U0934220

1921-2021
厦门大学
XIAMEN UNIVERSITY

厦门大学百年校庆系列出版物

百年学术论著选刊

史学方法实习题汇

谷霁光　编

厦门大学出版社 | 国家一级出版社
XIAMEN UNIVERSITY PRESS | 全国百佳图书出版单位

图书在版编目(CIP)数据

史学方法实习题汇/谷霁光编.—厦门：厦门大学出版社，2021.3
(百年学术论著选刊)
ISBN 978-7-5615-7942-8

Ⅰ.①史…　Ⅱ.①谷…　Ⅲ.①史学—研究方法　Ⅳ.①K061

中国版本图书馆 CIP 数据核字(2020)第 203867 号

出 版 人　郑文礼
责任编辑　薛鹏志　林　灿
美术编辑　蒋卓群
技术编辑　朱　楷

出版发行　厦门大学出版社
社　　址　厦门市软件园二期望海路 39 号
邮政编码　361008
总　　机　0592-2181111　0592-2181406(传真)
营销中心　0592-2184458　0592-2181365
网　　址　http://www.xmupress.com
邮　　箱　xmup@xmupress.com
印　　刷　厦门兴立通印刷设计有限公司

开本　720 mm×1 000 mm　1/16
印张　8.25
插页　3
版次　2021 年 3 月第 1 版
印次　2021 年 3 月第 1 次印刷
定价　40.00 元

本书如有印装质量问题请直接寄承印厂调换

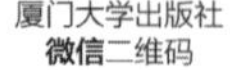
厦门大学出版社
微信二维码

厦门大学出版社
微博二维码

总　序

厦门大学 党委书记　张　彦
校　　长　张　荣

2021年4月6日，厦门大学百年华诞。百载风雨，十秩辉煌，这是厦门大学发展的里程碑，继往开来的新起点。全校师生员工和海内外校友满怀深情地期盼这一荣耀时刻的到来。

为迎接百年校庆，学校在三年前就启动了“百年校庆系列出版工程”的筹备工作，专门成立“厦门大学百年校庆系列出版物编委会”，加强领导，统一部署。各院系、部门通力合作，众多专家学者和相关单位的工作人员全身心地参与到这项工作之中。同志们满怀高度的责任感和紧迫感，以“提升质量，确保进度，打造精品”为目标，争分夺秒，全力以赴，使这项出版工程得以快速顺利地进行。在这个重要的历史时刻，总结厦大百年奋斗历史，阐扬百年厦大“四种精神”，抒写厦大为伟大祖国所做出的突出贡献，激发厦大人的自豪感和使命感，无疑是献给百岁厦大最好的生日礼物。

“百年校庆系列出版工程”包括组织编撰百年校史、百年组织机构史、百年院系史、百年精神文化、百年学术论著选刊、校史资料与学生名录……有多个系列近150种图书将与广大读者见面。从图书规模、涉及领域、参编人员等角度看，此项出版工程极为浩大。这些出版物的问世，将为学校留下大量珍贵的历史资料，为学校深入开展校史教育提供丰富生动的素材，也将为弘扬厦门大学“自强不息，止于至善”校训精神注入时代的新鲜血液，帮助人们透过“中国最美大学校园”

的山海空间和历史回响，更加清晰地理解厦门大学在中国发展进程中发挥的独特作用、扮演的重要角色，领略“南方之强”的文化与精神魅力。

百年校庆系列出版物将多方呈现百年厦大的精彩历史画卷。这些凝聚全校师生员工心血的出版物，让我们感受到厦大人弦歌不辍的精神风貌。图文并茂的《厦门大学百年校史》，穿越历史长廊，带领我们聆听厦大不平凡百年岁月的历史足音。《为吾国放一异彩——厦门大学与伟大祖国》浓墨重彩地记述厦门大学与全国34个省级行政区以及福建省九市一区一县血浓于水的校地情缘，从中可以读出厦门大学在中华民族伟大复兴征程中留下的深深烙印。参与面最广的“厦门大学百年院系史系列”、《厦门大学百年组织机构史》，共有30多个学院和直属单位参与编写，通过对厦门大学各学院和组织机构发展脉络、演变轨迹的细致梳理，深入介绍厦门大学的党建工作、学科建设、人才培养、组织管理、社会服务等方面的发展历程，展示办学成就，彰显办学特色。《厦门大学校史资料选编（1992—2017）》和《南强之星——厦门大学学生名录（2010—2019）》，连同已经出版的同类史料，将较完整、翔实地展现学校发展轨迹，记录下每位厦大学子的荣耀。“厦门大学百年精神文化系列”涵盖人物传记和校园风采两大主题，其中《陈嘉庚传》在搜集大量史料的基础上，以时代精神和崭新视角，生动展现了校主陈嘉庚先生的丰功伟绩。此次推出《林文庆传》《萨本栋传》《汪德耀传》《王亚南传》四部厦门大学老校长传记，是对他们为厦大发展所做出的突出贡献的深切缅怀。厦大校友、红军会计制度创始人、中国共产党金融事业奠基人之一高捷成的传记《我的祖父高捷成》，则是首次全面地介绍这位为中国人民解放事业做出杰出贡献的烈士的事迹。新版《陈景润传》，把这位“最美奋斗者”、“感动中国人物”、令厦大人骄傲的杰出校友、世界著名数学家不平凡的人生再次展现在我们眼前。抒写校园风采的《厦门大学百年建筑》、《厦门大学餐饮百年》、《建南大舞台》、《芙蓉园里尽芳菲》、《我的厦大老师》（百年华诞纪念专辑）、《创新创业厦大人2》、

《志愿之光》、《让建南钟声传响大山深处》、《我的厦大范儿》以及潘维廉的《我在厦大三十年》等，都从不同的角度，引领我们去品读厦门大学的真正内涵，感受厦门大学浓郁的人文精神和科学精神。

此次出版的“厦门大学百年学术论著选刊”，由专家学者精选，重刊一批厦大已故著名学者在校工作期间完成的、具有重要价值的学术论著（包括讲义、未刊印的论著稿本等），目的在于反映和宣传厦门大学百年来的学术成就和贡献，挖掘百年来厦门大学丰厚的历史积淀和传统资源，展示厦门大学的学术底蕴，重建“厦大学派”，为学校“双一流”建设提供学术传统的支撑。学校将把这项工作列入长期规划，在百年校庆时出版第一辑共40种，今后还将陆续出版。

“自强！自强！学海何洋洋！”100年前，陈嘉庚先生于民族危难之际，抱着“教育为立国之本，兴学乃国民天职”的信念，创办了厦门大学这所中国历史上第一所由华侨独资建设的大学。100年来，厦大人秉承“研究高深学术，养成专门人才，阐扬世界文化”的办学宗旨，在实现中华民族伟大复兴的征程上书写自己的精彩篇章。我们相信，当百年校庆的欢庆浪潮归于平静时，这些出版物将会是一串串熠熠生辉的耀眼珍珠，成为记录厦门大学百年奋斗之旅的永恒坐标，成为流淌在人们心中的美好记忆，并将不断激励我们不忘初心继承传统，牢记使命乘风破浪，向着中国特色世界一流大学目标奋勇前行！

张彦　张荣

2020年12月

“厦门大学百年学术论著选刊”编纂说明

为反映和宣传厦门大学百年来的学术成就和贡献，挖掘厦大学术丰厚的历史积淀和传统资源，为学校“双一流”建设提供学术传统的支撑，“厦门大学百年校庆系列出版物”丛书下设“百年学术论著选刊”系列，以精选、重刊一批我校学者在校期间撰著的、具有重要价值的学术论著。

为此，学校设立“百年学术论著选刊”编纂组，在以校党委书记张彦、校长张荣为主任的“厦门大学百年校庆系列出版物”编委会指导下具体负责这项工作。编纂组组长：洪峻峰；成员：朱水涌、钞晓鸿、高和荣、蒋东明、石慧霞。

鉴于学校将把收集、整理和重刊我校学术论著列入长期规划，今后分辑继续此项工作，“百年学术论著选刊”系列划定选稿范围，内容为百年来在我校工作过的已故学者在校期间撰写或出版的论著，时间以“文革”之前刊印或完成（稿本）为限；确定刊印形式，为原书、原稿影印出版。编纂组于2019年3月向全校各学院、研究院征集选题，同时利用图书馆及图书数据库检索渠道搜索相关文献、查找合适选题。论著的遴选侧重名家名著，同时关注民国时期稀见版本和未刊稿本，包括未曾正式出版的油印本教材。

经学院推荐、文献检索和专家筛选，学校“百年校庆系列出版物”编委会确定了40种入选论著。我们随即展开对论著影印底本的选择和寻访，工作得到了有关图书馆、藏书家的支持和帮助。同时，约请我校各学科相关专业的专家学者分别为各书撰写出版前言，介绍作者生平学术和论著内容价值，揭示其学术史意义及在我校的学术传承。各书前言还将汇编成集，同时出版。

论著选刊工作得到了原著作者的亲属、弟子多方面的支持。部分作品的著作权尚在保护期内，我们也征得其继承人的支持并签约；个别作品无法联系到著作权继承人,我们将公布联系方式,敬请他们与出版社联系。

本系列丛书从启动到编成历时两年整。在编纂过程中,学校图书馆、社科处和出版社作为这项工作的协作单位,分别承担了大量的繁杂事务;编纂组秘书黄援生、林灿,以及朱圣明、刘心舜和校图书馆古籍特藏与修复部有关人员,做了许多具体工作。

“厦门大学百年学术论著选刊”的编纂,是对我校百年来学术文献资源的一次大规模的搜集、梳理和开发。厦大的学术底蕴和文献资源极为丰厚,第一次选刊难免挂一漏万。经过这次编纂工作的探索,学校今后的分辑整理出版规划将会更加完善。

厦门大学百年学术论著选刊 编纂组

2020 年 12 月

厦门大学百年学术论著选刊（40种）

《中国文学变迁史略》　刘贞晦 著
《教育学原理》　孙贵定 编
《中国古代法理学》　王振先 著
《石遗室诗话》　陈衍 著
《历史哲学》　朱谦之 著
The Development, Significance and Some Limitations of Hegel's Ethical Teaching(《黑格尔的伦理学说》)　张颐 著
《汉文学史纲要》　鲁迅 著
《马哥孛罗游记》　张星烺 译
《闽南游记》　陈万里 著
《厦门音系》　罗常培 著
《教育概论》　庄泽宣 著
《艺术家的难关》　邓以蛰 著
The Li Sao: An Elegy on Encountering Sorrows(《离骚》)　林文庆 译
《老子古微》　缪篆 著
《教育与学校行政原理》　杜佐周 著
《教育社会学》　雷通群 著
《国际私法》　徐砥平 著
《地理学》　王成组 著
《货币银行原理》　陈振骅 著
《文化人类学》　林惠祥 著

《教育之科学研究法》　　钟鲁斋 著
《厦门大学文学院文化陈列所所藏中国明器图谱》　　郑德坤 编著
《因明学》　　虞愚 著
《实用微积分》　　萨本栋、郑曾同、杨龙生 编著
《大学普通化学讲义》　　傅鹰 著
《中国文学史》　　林庚 著
《史学方法实习题汇》　　谷霁光 编
《语言学概要》　　周辨明、黄典诚 译著
《英美法原理》　　[美]阿瑟·古恩 著,陈朝璧 译述
《中国官僚政治研究》　　王亚南 著
《西洋经济思想》　　郭大力 著
《古音学说述略》　　余謇 著
《明清农村社会经济》　　傅衣凌 著
《隋唐五代史纲》　　韩国磐 著
《会计基础知识》　　葛家澍 主编
《文昌鱼》　　金德祥 著
《泛函分析》　　李文清 著
《胚胎学讲义》　　叶毓芬及山东大学胚胎学教研组、汪德耀 编
《浮游生物学概论》　　郑重 著
《海水分析化学》　　陈国珍 主编

前　言

钞晓鸿

《史学方法实习题汇》，谷霁光编，（长汀）国立厦门大学历史学系 1943 年 5 月印行。

谷霁光，著名历史学家，1907 年 2 月 2 日出生，湖南省湘潭县人。童年在家乡私塾读书，中学相继在湘潭、长沙、南京求学，后到上海大同大学预科班学习一年，1929 年考入清华大学物理系，次年转入历史系。在历史系学习期间就在《清华周刊》上发表了《字源》《尚书周书和逸周书事实相同体裁相同几篇的比较研究》两篇论文，受到专家关注。1933 年毕业后留在清华大学历史系担任助教，两年后发表的《补魏书兵志》《唐折冲府考校补》收入《二十五史补编》，惊动史坛。1936 年 9 月转任南开大学文学院讲师，次年编辑印行了《中国通史参考资料》上下两册，同时兼任中央研究院社会科学研究所《中国社会经济史集刊》特约纂述与编辑，曾与汤象龙、吴晗、罗尔纲等发起组织史学研究会，在天津《益世报》和《中央日报》组织出版《史学》副刊。日寇侵占华北后，随南开大学南迁长沙，因伤病未能继往昆明。在长沙期间，曾在湘乡女子职业学校讲授英文，不久加盟厦门大学。

1938 年 9 月，谷霁光获聘厦门大学历史系副教授，1940 年晋升教授，并兼学报编辑。1945 年 8 月，转任江西中正大学历史系教授，曾任系主任，代理总务长。南昌解放后，随着学校更名、合并与院系调整，谷霁光先后担任南昌大学文史系教授、系主任、教务长，江西师范学院历史系教授、系主任、教务长。1960 年以后，历任江西大学教授、副校长、校长、名誉校长，江西省社会科学联合会名誉主席，江西省历史学会名誉主席以及多个学会的学术职务。1962 年，上海人民出版社出版其《府兵制度考释》一书，代表了府兵制研究的最高水平。兵制史研究之外，谷霁光还是著名的经济史专家，1980 年，江西人民出版社出版了其《中国古代经济史论文集》。[①]另有《史林漫拾》论文集，福建人民出版社 1982 年出版。1993 年 3 月 23 日，谷霁光因病逝世。[②]

在厦门大学任教期间，谷霁光开设史学方法课，《史学方法实习题汇》就是这门课程的基本素材与实习材料，当年并未正式出版。

一、谷霁光在厦门大学的经历与学术传承

关于谷霁光在厦门大学的经历，学界鲜有梳理总结，现综合档案、报刊等资料，概述如下。

当年厦门大学设立了各种常设委员会，谷霁光担任多个委员会的委员职务。据 1938 年《国立厦门大学常设委员会名录》，谷霁光担任出版委员会委员。再据 1939 年《母校二十八年度各种委员会委员名录》，谷霁光担任演说辩论委员会委员。又据《母校三十一年度各种常设委员会委员一览》，他还担任奖学金及免费生审查委员会委员。从现有资料来看，部分委员会的委员名单后来有所调整。

谷霁光担任《厦大学报》编辑。厦门大学在私立时期，相继编辑出版《厦门大学季刊》《厦门大学学报》，刊发本校师生的各领域研究论文。全面抗战爆发后，学校迁至长汀，《厦门大学学报》的编辑与出版停顿了几年。1942 年春，厦门大学文法商三学院合设出版委员会，谷霁光任委员，并被推举为《厦大学报》的 3 名编辑之一，拟定了《厦大学报编辑条例》。[③]这一时期的《厦大学报》并未完全延续此前《厦门大学学报》的刊名与卷期，而是另行编排刊行，哲学社会科学与理工科分别出版。1943 年元旦正式出版了《厦大学报》第一集。理工科另行编辑出版的《厦大理工论丛》，其中第一集也在 1943 年出版发行。

另外，谷霁光还是厦门大学合作社的发起人与经理者之一。抗战时期物资匮乏，位于闽西的长汀更是供应困难，零星采购物资价格偏高。为了方便教职工日常用品的采购与供应，1943 年厦门大学设立教职员合作社，1944 年改组为公利互助社，除了教师之外，也接纳学生入股。当年的合作社办得十分成功，不仅方便职工，而且盈利优厚。这一合作社就是由邹文海等人发起、组织起来的，并得到萨本栋校长的支持。合作社对外集体采购议价，校内又自己组织生产，而总其成者是谷霁光。他后来代理中正大学总务长，就与这一经历密切相关。[④]

但最主要的，谷霁光在厦门大学还是从事科研与教学工作。除其他报刊

的论文之外，这一时期谷霁光在《厦大学报》发表了 3 篇学术论文，分别是《再论西魏北周和隋唐的府兵》、《明清时代之山西与山西票号》以及评论蒋廷黻出版的《中国近代史》，体现了其学术生涯向经济史的转型以及对于学术史的关注。相较于此前，谷霁光发表论文明显减少，除了当时的学术条件限制之外，可能主要是因为他将主要的精力放在了教学方面。1942 年秋季学期，未见谷霁光例行开设的课程，而据次年年初的报道："历史系教授谷霄（霁）光先生，业已偕夫人返校，卜居府北新教职员宿舍。"[⑤]这样说来，1942 年一段时期他不在长汀校区。其他时期谷霁光均在厦大传道授业，开设多门课程。

谷霁光在厦门大学开设必修课与选修课。1938 年秋，厦门大学文学院语言学系改为中国文学系，历史社会学系改为历史学系。教育部颁发各院系必修及选修科目表后，除了遵照规定者必须开设课程之外，其他则视各院系之需要及师资情形，自选设置若干选修课程。[⑥]直到 1937 年，厦门大学文学院历史社会学系的课程中，历史研究法还不是必修课。在所有开设课程中，也没有中国经济史、宋辽金元史。[⑦]谷霁光在厦门大学任教后，新开这二门选修课，另外还有"史学方法"这一必修课。这里的史学方法应该就是历史研究法的简称。除课堂教学之外，他还辅导学生或指导学生撰写论文。

谷霁光担任本科生导师并指导多篇毕业论文。根据《国立厦门大学二十七年度教职员一览表》，1938 年谷霁光为历史系副教授。当时厦门大学实行导师制，1939 年 11 月通知全校学生选定导师。在公布的导师 36 人名单中，就包括谷霁光。[⑧]谷霁光在厦门大学指导了多篇本科生毕业论文，除了历史系学生之外，还有经济系学生。在现存论文中，以 1940 年毕业的历史系学生陈礼锐为最早，题目是《西魏府兵的简点与组织》。最晚是 1945 年毕业的历史系学生戴秀廷、曾秋圆，题目分别是《北宋初年之军力》《宋金对峙中之经济战》。可见均侧重于兵制与军事方面的研究，这与谷霁光的研究方向是一致的。经济系 1944 年毕业生中，易焕之、徐之俊、高骥三人的论文也是谷霁光指导的，题目分别是《唐代利率的变动》、《元代银铜出产与消耗》以及《元代的工业》。正如前文所说，在厦门大学期间，经济史也开始成为谷霁光的主攻方向。

谷霁光指导的几位历史系本科生，后来成为教育界的骨干与精英。1941 年毕业的陈诗启，其本科毕业论文《猛安谋克的研究》。在中学任教数年之后，陈诗启进入厦大总务处工作，后来进行学术研究，成为著名历史学家，是中国海关史研究的奠基人。陈诗启回忆说，跟随"谷老师"的学习训练，对他的帮助与启发很大。[9]1943 年毕业的王华东，谷霁光指导其毕业论文为《清代总督》。王华东毕业后留历史系任教。[10]同年毕业的林汝楠，其论文《明末文社的组织与其发展》也是谷霁光指导的。林汝楠在厦大学习期间，曾在第三届全国专科以上学校学生竞试中获奖，代表各历史系参赛者中全国仅有 2 人获奖。[11]毕业后林汝楠投身革命，晚年返校工作，曾任厦门大学革委会副主任、校党委副书记。[12]如前所述，此前厦大历史系并未开设中国经济史、宋辽金元史这样的课程，谷霁光到校任教并加强中国经济史等领域的教学与研究，也势必影响到在校学生。韩国磐 1945 年在厦大历史系毕业，当年谷霁光在经济史、中古史的教学与研究，不能不对志存高远的学生产生影响。韩国磐后来成为著名的历史学家，在隋唐史、中国经济史方面建树颇多，他晚年还回忆起萨校长在长汀时期引进了"历史学家"谷霁光。[13]

二、《史学方法实习题汇》的写作与刊行

在长汀时期，厦门大学重视学生的实习训练。萨本栋校长认为"课外实习乃学生必要作业，不宜寝息"。1939 年曾与福建省建设厅厅长商洽，暑假安排三年级各系学生及土木工程系二年级学生分往建设厅各有关厂所实习。[14]1940 年又与江西省政府接洽，暑期安排学生到江西省各机关实习。[15]学校在实习方面的支持力度也很大，例如在教育部核准的 1945 年下拨经费 720 万元中，仅"实习材料费"一项就高达 100 万元，[16]接近总经费的 14%。不过，这主要是就理工学生而言的。就历史系的"历史研究法"这门课而言，以前不受重视、实习欠缺，遑论专门的实习训练教材。

全面抗战爆发之前，厦门大学还是历史学与社会学合并，当时称作历史社会学系，隶属文学院。根据历史社会学系的开设课程介绍，"历史研究法"只是选修课。学界一些人认为，一般的历史系毕业生并不在高校与研究机构工作、不从事历史研究，觉得这门课没有必要，甚至有人主张取消这门课程。后来教育部规定"史学方法"为必修课，历史系学生必须学习，然而又苦于找不到合适的教材，一些教师就权且使用欧美相关书籍。1938 年，厦门大学历史社会学系改称历史学系，谷霁光就是这年秋天入职历史系的。根据现有资料，至晚在 1940 年上学期，谷霁光就已经开设了"史学方法"课程，[17]并为编写教材积累经验。

当时学界讲授这门课程，往往与史学理论结合在一起，内容抽象高深，学生不仅难以理解，而且觉得空洞无物、学非所用，平时运用包括后边撰写论文，也没有什么用处，产生厌倦情绪与抵触心理。鉴于此，谷霁光在授课中以当代学人的专题研究作为例证，举例说明史学方法在各方面的应用，经过一年的试验，取得了良好效果。第二年又进行改革，强化实习与操作，也就是理论与实际相结合，每讲授一种方法，就让学生进行实习试验，这样不仅加深了对理论方法的理解，而且还提升了学生的实践与研究能力。学生学风端正扎实，对于这门课及历史学也产生了兴趣，尤其对其论文写作起到良好的铺垫与推动作用。在授课中，谷霁光压缩讲授时间，增加阅读与实习实践比重。

其实谷霁光在清华大学历史系学习期间，1932 年就选修了雷海宗的"史学方法"课。雷海宗是著名历史学家，学贯中西，史学方法课的信息量很大。谷霁光认真听讲，而且做了详细的笔记。此听课笔记尚存，据此分析可知，雷海宗当年将史料的收录整理分为三种形式，分别是记忆法、札记法以及摘录卡片，而且最推崇卡片；后者分别按照时间、地域、性质、形式分类。[18]谷霁光对此加以继承，不仅平时研究工作中大量抄录卡片，而且将其应用于自己所讲授的这门史学方法课之中，也认为收集史料，有记忆、笔记与卡片三种方式。这与雷海宗一致。然而在继承上有所发展，例如卡片的具体分类，就与雷海宗不同，分别按照史籍、人物、史料、论文来分类。

在史学方法课的史料选择方面，谷霁光选取了具有代表性的古今史料，而且一些史料都是自己曾经认真阅读或研究利用过的，尤其是向学生提出的一些问题，其实在自己此前的阅读与研究中已有答案。例如在《史学方法实习题汇》的史料诠释部分，要求学生阅读《木兰歌》（即《木兰诗》），从中分析史料中的"天子"与"可汗"是否是指同一人。查此前的 1936 年，谷霁光曾经发表过相关内容的论文两篇，其中《唐代"皇帝天可汗"溯源》一文指出，唐代对内称"皇帝"，对西北诸国则称"皇帝天可汗"。[19]即"皇帝"与"皇帝天可汗"是不同地域对皇帝的称谓，史料中的"天子"与"可汗"显然系指一人。他的另一论文《唐代"皇帝天可汗"溯源后记》，文章还直接引用了乐府《木兰诗》，其中就有"可汗大点兵"之句。[20]可见谷霁光在给学生提供史料、提出问题之前，自己爬梳、研究过这些史料并已有观点认识。

这样经过多年积累，谷霁光结合自己学习与研究心得，在此前授课经验与教学改革的基础上，继承创新，完善提高，终于为史学方法课编写了实习材料，故称《史学方法实习题汇》。全书在 1943 年元月已经基本完成,5 月由厦门大学历史系印行,当然亦不排除在此期间有过修正与补充。

《史学方法实习题汇》的内容分为四部分。首先是“序言”;其次是“实习时应行注意事项”;再次就是全书的基本内容,分为 16 部分也就是 16 节;最后附录“正误表”,修订了书中的某些疏误。

“序言”即“编者序言”,论述本课程的性质、现状、改进以及实习注意事项。其主要内容与思想可大致概括如下:

课程性质:“史学方法”是大学历史系三、四年级的必修课,重视基础知识与基本技能,理论与实践相结合,将理论融入方法之中。

教学现状:此前此类课程过于抽象;现在力求具体化。以前拘泥欧美教材,灌输式授课;现在以中国史实为例证,重视方法的操作与应用。

改进由来:以前内容浅显枯燥,学生轻视并缺乏兴趣;方法方面流于形式,实用不足。现在逐步改为以专题形式,辅以具体史料例证;重视实习,将方法应用于训练与撰写论文之中。

改进步骤:减少讲授时间,增加阅读及实习时间;由全部阅读材料,改为选择阅读,由浅入深;独立阅读,从中发现问题并试图解决问题。

实习注意:建议增加实习的空间与图书;加强学生的文字修养与国文水平;实习选题讲究技巧、题目常需变换;每次实习需一下午,至少 3 小时,以培养学生的耐心与毅力。

“实习时应行注意事项”共计 10 项,大致内容可简要地概括为:细心阅读,独立思考,谨慎立论,方法零活,留意史学常识,规范纸张笔墨,规定实习时段,加强论文写作,史论结合,论从史出。

基本内容从“实习题一”至“实习题十六”,共计 16 部分,分别是史料搜求、卡片应用、撰人考订、地域考订、时代考订、史料校雠、正误、辨伪、史料诠释、史料综合、史篇编撰、综合复习,计 12 个专题。其中史料诠释、史料综合、史篇编撰、综合复习,每一专题分为 2 次进行实习,全课程共计 16 次实习并配备相应实习史料与问题。每一实习题开始部分均为“注意”,提纲挈领,讲明主旨与方法等注意事项,然后再配以相关史料、结合问题进行实习。

最后附录的“正误表”,修订了书中的某些疏误。逐一核对后发现,其中既有编写刊印的明显失误,又有断句、史料、语意修订,显然是经谷霁光本人之手。这也说明,虽然只是内部讲义与印刷品,谷霁光对此书的印行还是严谨认真的。当然也正是因为厦门大学在长汀期间内部印刷,所以该书传播十分有限,目前国内高校只有厦门大学图书馆有藏。这一局面直到 20 世纪末才有所改变。

1996 年,江西人民出版社等汇集谷霁光史学论著,出版了《谷霁光史学文集》,其中第四卷收录了其《史学方法实习题汇》(以下简称"江西版"),[21]由于是整理出版,所以内容与形式也作了部分调整。经过比较原版与江西版,发现后者的做法主要是:将封面删除,直接从目录收录;将目录与正文标题中的"实习题"三字逐一删除;删除"正误表",而将勘误在正文中逐项落实;修改了正文中若干明显的文字或刊印疏误,也包括正文史料的明显疏误,但并未一一核对原始文献。该书的整理再版发行,对其流通传播起到了有力的推动作用,可惜的是,江西版也出现了一些整理疏误,甚至有的地方还曲解了谷霁光的旨趣与本意。若不比较该书原版,读者就不知这是作者的疏误还是后来整理者的失误。因此,影印出版《史学方法实习题汇》,原原本本地体现谷霁光的史学方法、教学思想与实践,是十分必要的。

三、《史学方法实习题汇》的学术意义与教学价值

综合比较分析,《史学方法实习题汇》的学术意义与教学价值主要体现在以下几个方面。

第一,提供了适合中国实际的史学方法教学资料。正如当年谷霁光所指出的,虽然"史学方法"成为历史系学生的必修课,但缺少适合当时学生、切合中国实际的史学方法教材。利用西方某些论著进行的史学理论与方法教学,大多内容抽象空洞,学生缺乏兴趣,尤其是学非所用,对于学生以后的论文创作与研究,起不到多少作用。谷霁光对此深有体会,据其未刊稿《治学自述》,他对老师们的史学研究方法,其实并不满意。"一方面搜集材料,一方面如何研究,也就是研究的方法应该怎样,而这,前师们没有给我一个满意的答复,我为此彷徨沉思过好长一段时间"[22]。他基于自己的学习与研究经历,尤其是在进行史学方法教学改革的基础上,扬长避短,查漏补缺,摸索前行,力图走出一条适合当时中国学生的教学之路。基于中国史料,突出问题意识与方法应用,编写完成了《史学方法实习题汇》,作为史学方法实习的基本材料。

第二,展示了史学方法的课堂实习。我们一般谈到实习,多是指理工科或

社会科学的校内外实验或实习操作，人文学科的实习实践，多指野外考察与校外实习。后者在学校基本上就是课堂教学，而弱于实习操作，这也是固有的传统。当年萨校长就批评说："中国读书人最大的毛病，就是用脑而不肯用手。以前中国文人，常以劳心者治人自居。"㉓所以谷霁光的史学方法课堂实习，有其改革创新与务实推进的一面。另外，人们谈到人文学科的方法传授，多见于回忆、日记、杂文之类，这些文献较多地反映了具体师生之间的传承与交流，而非学院授课这一集体行为，而谷霁光的实习材料与方法传授就弥补了这一缺陷，代表了学院式方法传授与实习操作这一类型。《史学方法实习题汇》不仅反映了校内课堂的史学方法传授，而且突出了其实习与操作这一显著特征。

第三，反映了处变不惊的规范教学。谷霁光在厦门大学任教期间，正是全面抗战时期，民族危机加深，天下兴亡，匹夫有责，救亡图存是摆在中华儿女面前的重大问题。沿海失陷，学校内迁长汀，江西部分地区失陷，学校更是处在腹背受敌之处境。全校师生同仇敌忾，加入抗击侵略者这一人民战争的洪流之中。教师们发表演讲，或撰写文章，抨击日军的残暴罪行，激发中华儿女的抗日斗志。历史系的师生也不例外，叶国庆当年新近购得一部古籍《寒支集》，从中发掘作者抗击入侵、赤心报国的忠贞气节，"肫笃淋漓，声血俱落"，发表在抗日刊物《唯力》之上。㉔早在 1937 年 10 月，厦大学生就成立了国立厦门大学学生救国服务团。次年 4 月统一国内各学校的抗敌团体名称，厦门大学学生救国服务团改为战时后方服务团，继续编辑刊行《唯力》杂志，其中第 1 卷第 2 期标题口号就有："头可断，膝不可屈！地可失，志不可馁！"

在此形势下，谷霁光显然不能超然物外，他与其他师生一道投身于救亡图存之中。他在报纸发表论文，将民族文化、教育改革与当时的国防建设、抗战卫国相联系。一方面响应战时杀敌，另一方面又主张人尽其才、做好本职工作，"如果士大夫有了舍身为国的精神，也就能对研究事业肯牺牲一己的私利，以求成功。那么战时可以增加一批英雄的斗士，平时也可以减少一些不学无术的寄生虫，教育的最理想境地，也就无过于此"㉕。他讲授史学方法课程，兢兢业业、严谨务实，没有一丝的喧嚣与躁动，而是夯实基础、端正学风，培养学生的耐心与毅力，切实提高其知识水平尤其是实践能力，以实际行动、个人所长来支持抗战，为国家社会培养优秀人才。正如有人在评论他的学术经历时所说："尽管处于战争时期，各高校的管理仍然十分规范，大学教授们的敬业精神也十分强烈。经过如此训练的学生，专业基础想不扎实也不可能。"㉖全面抗战的艰难时期，厦大历史系每年仅招收几名学生，谷霁光在厦大的教学生涯也只有7年，但他所教过与指导的学生中就有数名脱颖而出，当年赢得全国大奖，后来成为教育精英、著名学者，这些人才培养的累累硕果绝不是偶然的。而谷霁光后来常常怀恋厦门大学、八闽风光，将福建当作自己的“第二故乡”。[27]

注释：

①参见周升柱：《谷霁光先生治学略述》，《谷霁光史学文集》第1卷，《兵制史论》，南昌：江西人民出版社、江西教育出版社，1996年，第33~45页。笔者按：在已正式刊发论著中，关于谷霁光生平，以该文内容最为详尽，后来的相关谷霁光生平，亦多取材于此。笔者据此论文并修订了其中的部分疏误，如将原文的中央研究院“社会研究所”还原为“社会科学研究所”；原文的“中国史学研究会”订正为“史学研究会”；原文的“1945年11月，离闽赴赣，任中正大学历史系教授、系主任、代理总务长”，订正修改为“1945年8月”调入中正大学，后来出任历史系主任。这是因为根据中正大学的“到职”登记制度、《国立中正大学教职员录》（国立中正大学1948年12月印行）等，谷霁光在1945年8月已为中正大学教授；谷霁光调入时，当时中正大学文法学院尚无历史系，所以不可能担任历史系主任，1946年8月，中正大学才正式设立了历史系。一年后，文法学院分为文学院与法学院。另外也将原文的“南昌大学史地系教授”改为南昌大学文史系教授（参下注）。这里顺便指出关于其出生年份的分歧。除1907年之外，学界包括谷霁光本人也说其1906年出生。笔者查核后认为，这其实只是公历与农历纪年之别。谷霁光1907年2月2日出生，1907年春节是2月13日，他出生这天是农历丙午（1906年）腊月二十。

②周銮书：《仁者惟寿，明德惟馨，其萎哲人？——沉痛哀悼谷霁光先生》，中国人民政治协商会议江西省委员会学习、文史委员会：《江西文史资料》第50辑，1993年，第214~218页。笔者按：该文作者1950年考入南昌大学文史系，当时谷霁光是系主任。

③《母校新设出版委员会决定刊行〈厦大学报〉》，《厦大通讯》第4卷第1、2期合刊，1942年。

④邹文海：《笃实的谷霁光》，《传记文学》（台湾）第2卷第1期，1963年。

⑤《母校点滴》，《厦大通讯》第4卷第11、12期合刊，1943年。

⑥《概况·教务处概况》,《厦大校刊》第1卷第5期,1946年。

⑦《文学院学程一览·历史社会学系》,《私立厦门大学文学院一览》(1936至1937年),1936年9月刊行,第28~29页。

⑧《廿八年度全体导师经已选出,十一月廿六日举行第一次训导会议》,《厦大通讯》第1卷第11、12期合刊,1939年。

⑨ 陈诗启:《陈诗启自传》,晋阳学刊编辑部编:《中国现代社会科学家传略(第三辑)》,太原:山西人民出版社,1983年,第132~143页。

⑩《三十四年度本大学教员姓名录》,《厦大校刊》第1卷第5期,1946年。《三十四年度全体教师姓名》,《厦大校刊》创刊号(1946年第1卷第1期)。

⑪ 杨学为等主编:《中国考试制度史资料选编》,合肥:黄山书社,1992年,第771页。

⑫ 厦门大学校史编委会编:《厦门大学校史资料(第四辑:1966—1987)》,厦门:厦门大学出版社,1990年,第18页。

⑬"历史学家顾颉刚(应为谷霁光——引者)先生就是此时被请进来的",见吕瑜洁:《与母校同行——访历史系教授韩国磐先生》,《厦门大学报》,2001年3月2日,第2版。按:顾颉刚1926年秋季进入厦大任教,次年离任,抗战期间萨校长所聘为谷霁光而非顾颉刚。"顾颉刚"与"谷霁光"谐音,听、说过程中容易产生混淆。

⑭《校闻简报》,《厦大通讯》第1卷第6期,1939年。

⑮《学生暑期实习业已分别指派》,《厦大通讯》第2卷第7、8期合刊,1940年。

⑯《教育部代电高字第五二三三三号,中华民国三十四年十月十六日发》,《厦大校刊》创刊号(1946年第1卷第1期)。

⑰《母校定期举行廿九年度上学期毕业试验及学期试验》,《厦大通讯》第3卷第1期,1941年。

⑱ 王敦书:《雷海宗1932年史学方法课程笔记》(谷霁光记录,王敦书整理),《江西师范大学学报》2011年第2期。

⑲ 谷霁光:《唐代"皇帝天可汗"溯源》,《天津益世报·史学》副刊第22期,1936年2月18日,第11版。

⑳ 谷霁光:《唐代"皇帝天可汗"溯源后记》,《天津益世报·史学》副刊第27期,1936年4月28日,第12版。

㉑《谷霁光史学文集》第4卷，南昌：江西人民出版社、江西教育出版社，1996年，第488～560页。

㉒ 周升柱：《谷霁光先生治学略述》，《谷霁光史学文集》第1卷，南昌：江西人民出版社、江西教育出版社，1996年，第33～45页。

㉓《萨校长开学词》，《厦大通讯》第3卷第10期，1941年。

㉔ 叶国庆：《寒支集》，《唯力》第1卷第7期，1938年。

㉕ 谷霁光：《论"知识阶级与国防建设"》，《中央日报扫荡报》联合版1942年6月9日，第4版。

㉖ 方志远：《谷霁光先生的学术经历与学术个性》，《江西社会科学》2005年第9期。

㉗ 谷霁光：《史林漫拾》，福州：福建人民出版社，1982年，第319页。

作者钞晓鸿，厦门大学图书馆馆长，人文学院历史系教授、博士生导师。

史學方法實習題彙

谷霽光編

國立廈門大學歷史學系印行

三十二年五月

谷霁光编《史学方法实习题汇》，影印底本：厦门大学历史学系
1943年5月印行本。

史學方法實習題彙

谷霽光編

國立廈門大學歷史學系印行

三十二年五月

目　錄

編者序言

(一)課程性質

史學方法，巳經部定爲大學史學系三四年級學生必修科，今後此課程，亦當更趨重要。前此頗有人主張擯棄之者，以爲學生非入研究院，不必修習此課程。但自國情言之，似未盡然。國內研究院及研究機關，爲數均少，史系學生畢業以後，欲繼續自行研究，端賴有此初基知識，以收無師自通之效。又國內出版之歷史教本與通俗歷史讀物，數目不多，而其取材適當編撰合宜者，尤不數數覯。以是執教中學之史系畢業生，亦不能不繼續研究，否則卽無以稱其職守。故史學方法一課程，不獨不應擯棄，更當力圖充實，以符需要。按大學中此課程之性質，乃包括史學概論與研究方法而言。史學概論，係討論史學之性質與史學之發展，前此大學課程改革芻議中，卽有人主張史系一二年級講授之者，其意殆以之相當於經濟系之經濟概論，政治系之政治概論。然大學一年級生，史學知識不甚豐富，授以史學概論，頗難完全理會，不如配合於史學方法中，改於三四年級講授，較爲有益。是知現時史學方法之內容，固不必過於高深。其主旨旣重灌輸以初基知識，尤不可與國外研究院之課程相提並論。要在深淺兼顧，俾課理論與實際之貫通，亦以求學生程度之平均發展。

(二)教學現狀

史學系課程，多重實際方面，如中西通史斷代史以及專門史國別史之類皆是。其略重理論者，惟史學方法與歷史教學法等課程。學生修習此等課程時，不無過於抽象之感，以其他課程，類多具體之史實，易於接受故也。以是講授此課程之困難，不在理論之發揮，乃在抽象之中力求具體化，藉以範成學生極明確極堅强之概念，是則有賴於例證與實習。惟國內大學之講授此課程者，大都非為此課程之專家，恆以史學之他方面專家兼任。兼任之者，以精力所限，不免拘泥於歐美教本，僅為灌輸式之講演，間或輔以中國方面史實之例證，藉明方法之應用，其成效殊歡微弱。最進步者，如學生之論文習作，或另為校讎引得等工作之分別習作，以其過於專門或過於偏重，成效亦不甚大。尤以學生中中下之才，得益實為淺鮮。大抵學生之具有研究天才者，本無須多事啓發，然此類學生，誠不多覯，則此課程之改進，自當注意及之。

(三)改進由來

編者初授此課程時，即發現專事灌輸式之講演，其弊甚多，如：(一)史學中所提原則，有屬於普通常識範圍之內者，使學生不免發生輕視與偷閒之心。(二)所提原則與例證，欲求其完備，則不免煩瑣之弊，以是學生每嫌此課程過于乾燥，恆生厭倦。(三)最重要者，乃學生修畢此課程，對於所撰論文，恆不能利用之。亦即學生爲方法條款所拘，難於自由運用，至於運用靈活，運用得體，更無法苛求矣。職是之故，乃選輯近代學人專題研究若干篇，穿插於中，藉補例證之不足，而免過于單調之憾。行之一年，亦頗收效，蓋學生概念中，已較空洞原則而稍具體，且亦知方法運用，自有其艱深之處，不敢輕易訾毀之矣。然此種體會，仍非如身歷其境者可比，以故撰述論文時，每嫌疏忽而不謹嚴，甚且不能運用所學，以輔佐其工作之順利進行。次年乃加入實習一項，使學生就每一方法之下，自行試驗，一以訓練其研究能力，一以加强其理論基礎。凡題材之易於疏忽者，隨時糾正之，答案之艱於推求者，亦隨時啓發之。施行結果，學生修習態度益趨嚴肅，於其工作亦發生濃厚興趣。發生興趣以後，工作極爲順利，而空泛與疏忽之弊俱除。畢業論文指導，亦無絲毫煩難矣。

(四)改進步驟

新法試行以後，講演時間，略爲減少，指定參考，略予增加。參考書初爲全部閱讀，後亦改爲擇要選定，以節省學生時間與精力。所選例題，初爲每款一篇，後亦改爲每款兩篇，一較淺顯，一較高深，藉收由淺入深之效。關於例題選輯工作，以圖書館入藏之書刊不豐，難期十分完備，曾試用者，有如陳寅恪東晉南朝之吳語(史料認識)，傅斯年誰是齊物論之作者(撰人考訂)，劉師培白虎通義源流考(名篇考訂)，顧頡剛紂惡七十事的發生次第(史料來源)，王國維古本竹書紀年輯校(史料校釋)，郭鼎堂湯盤銘釋(正誤)，周官質疑（辨僞），王芸生中俄密約辨僞（辨僞），以及編者之遼金糺軍史料試釋（史料詮釋），釋孟子井地及其他有關史料（史料詮釋）等，間亦參以一二論證錯誤之論文，使其瞭解所以易於致誤之原因。凡此例題，均令學生自行精閱，上課時由編者提出問題，令其解答，更或提出疑點，令其批判。學生經過此種示例，對於專題研究，頗能完全認識，且亦能發現例題之優劣，而爲進一步之探討。實習方面，亦爲由淺入深，後乃深淺混列。題目亦取其暗示較多者，以資啓發。實習後，亦略事討論，俾知求眞求善求美之不易，而收切磋之益。每一實習，均予計分，由數年來分數方面觀察結果，得知：（一）每一學生，其分數爲漸增，卽知學生才智不分高下，均有進步。（二）每期每生平均分數，除一二高材生外，大部相差甚微。此點雖可從各方面予以解釋，要知新法能使學生程度平均發展，則無疑義。

（五）實習注意

此種實習，限于設備之不周，難於完善。例于專門實習室之增加，與其必要圖書之專備，事實上不無困難。此點希望各大學共同努力，將史學實習，視同理工實習，竭力求其改進。其次一般學生之文字修養，多欠工夫，以是資料方面之較爲艱深者，大感困難。將來除於題材上稍予補救外，提高國文程度，乃爲治本之法。題目技巧方面，亦不易周詳。例如歷史上名詞之混用，最易疏忽，便當設法插入，以訓練其嚴謹工夫。甚或不相干之材料，偶亦列入，此於判斷能力之訓練，亦屬有益。又題目常能變換，亦可免於學生抄襲之弊。凡此諸端，頗費思攷，擔任此學程者，自應黽勉爲之，無法顧及一己之時間與精力。此外實習時間，必須連續一下午，至少亦須三小時，否則學生易于心粗氣浮，缺乏忍耐之心。實習教室，必有大桌椅與字典詞林等，亦當注意。此類問題，均視各校設備情形，與各系課程分配，以謀解決，玆不盡述。

谷霽光　三十二年一月六日寫于廈門大學集思堂

實習時應行注意事項

一．習題中如有文詞上之疑難，宜細心領會。勿輕易發問，以增進閱讀能力。

二．習題中如不易尋得答案，宜多方推求。勿與人討論，以促進思想開展。

三．應注意於高度「集中注意」與「精密思維」之訓練，切勿率爾立論。

四．應注意於方法之活用，勿爲方法條款所拘。

五．實習例題多爲史學常識，可隨時留意而記憶之。

六．實習用紙，應行一律，書寫必用鋼筆或毛筆。

七．每題均就列舉史料作成短文，文字不拘文言白話，但當力求清順。如能注意於「思深能入，筆銳能出」之訓練更佳。

八．實習題目，必須於教室內作畢，亦須於規定時間內交入，不能攜出或延遲。

九．所有習題，均屬於鑒定詮釋辨證編比綜合諸範圍，作者應就史料及方法論，加以精密探討。凡主觀之史論，與玄揣之雜說，絕對擯訴。

十．每一習題，均有偏重之點。作者如能求得正確之答案，則方法活用之作用，已寓其中。如此練習，方免爲分條列舉之方法所囿。

實習題一　史料搜求

注意：史料搜求方法，有如目錄與索引之利用。其次乃爲因人因地因時因事因聞因見之廣爲推求，方式不一，而收效亦大。更其次乃爲博覽與留意，此點完全爲個人學術修養，未可期於一朝。此外若干專題，亦有賴于採訪者。方法甚多，今茲實習，難於周詳，舉一反三，是所盼企。

（甲）

假定研究題目爲「清代福建之糧食問題」，其主要材料，應取自何書，試就個人所知或推度所及，列舉之。

（乙）

假定研究題目爲「魏徵評傳」，試就下引舊唐書魏徵傳，推求「史料搜求」之最大可能性：

魏徵字玄成，鉅鹿曲城人也。父長賢，北齊屯留令。徵少孤貧，落拓有大志，不事生業。出家爲道士，好讀書，多所通涉。見天下漸亂，尤屬意縱橫之說。……與裴矩西入關，隱太子聞其名，引直洗馬，甚禮之。徵見太宗勳業日隆，每勸建成早爲之所。及敗，太宗使召之謂曰：汝離間我兄弟何也？徵曰：皇太子若從徵言，必無今日之禍。……貞觀二年，遷祕書監，參預朝政。徵以喪亂之後，典章紛雜，奏引學者校定四部書，數年之間，祕書圖籍，粲然畢備。……初有詔遣令狐德棻岑文本撰周史，孔穎達許敬宗撰隋史，姚思廉撰梁陳史，李百藥撰齊史。徵受詔總加撰定，多所損益，務存簡正。隋史序論皆徵所作，梁陳齊各爲總論，時稱良史。……（太宗）嘗謂長孫無忌曰：朕即位之初，上書者或言人主必須威權獨運，不得委任羣下，或欲耀兵振武，懾取四夷，唯有魏徵勸朕偃革興文，布德施惠，中國即安，遠人自服。朕從其語，天下大寧，絕域君長，皆來朝貢，九夷重譯，相望於道，此皆魏徵之力也。……尋以修定五禮，當封一子爲縣男。……太宗謂侍臣曰：貞觀以前，從我平定天下，周旋艱險，玄齡之功，無所與讓。貞觀之後，盡心於我，獻納忠讜，安國利民，犯顏正諫，匡朕之違者，唯魏徵而已。古之名臣，何以加也，於是親解佩刀以賜二人。徵以戴聖禮記編次不倫，遂爲類禮二十卷，以類相從，削其重復。採先儒訓注，擇善從之。研精覃思，數年而畢，太宗覽而善之，賜物一千段。……徵薨時年六十四，太宗親臨慟哭，廢朝五日，贈司空相州都督，謚文貞，給羽葆鼓吹班劍四十人，賻絹布千段，米粟千石，陪葬昭陵。及將葬載，徵妻裴氏曰：徵平生儉素，今以一品禮葬，羽儀甚盛，非亡者之志，悉辭不受，竟以布車載柩遂出郊外。帝親製碑文，并爲書石。其後追思不已，賜其實封九百戶。嘗臨朝謂侍臣曰：夫以銅爲鏡，可以正衣冠，以古爲鏡，可以知興替，以人爲鏡，可以明得失。朕常保此三鏡，以防己過，今魏徵殂逝，遂亡一鏡矣。徵亡後，朕常遣人至宅，就其書函得表一紙，始立表草字皆難識，唯前有數行稍可分辨云。天下之事，有善有惡，任善人則國安，用惡人則國亂。公卿之內，情有愛憎，憎者唯見其惡，愛者唯見其善。愛憎之間，所宜詳愼。若愛而知其惡，憎而知其善，去邪勿疑，任賢勿貳，可以興矣。其遺表如此，然在朕思之，恐不免斯事，公卿侍臣可書之於笏，知而必諫也。徵狀貌不踰中人，而素有膽智，每犯顏進諫，雖逢王赫斯怒，神色不移。嘗密薦中書侍郎杜正倫，及吏部尙書侯君集，有宰相之材。徵卒後，正倫以罪黜，君集犯逆伏誅，太宗始疑徵阿黨。徵又自錄前後諫諍言辭往復，以示史官起居郎褚遂良，太宗知之，愈不悅。先許以衡山公主降其長子叔玉，於是手詔停婚，顧其家漸衰矣。………

實習題二　卡片應用

注意：收集史料，有記憶筆記與卡片三種方式。三種混合應用，應最靈活，玆擇卡片一項而實習之。

(甲)

試就下列四種用卡，更作一精詳而適于己用之設計。

(一)史籍卡片：(與專題有關之史籍)

分類

書名			
著者			
年代			
卷冊			
出版			
館藏		書號	
提要		考訂	

＊提要與考訂記于反面亦可

(二)人物卡片：(與專題有關之人物)

分類

人名	
地望	
生卒	
紀傳	
著作	
事蹟	
附記	

（三）史料卡片：（收集有關之史料）

分類＿＿＿＿

題目＿＿＿＿	書名＿＿＿＿
原文：	卷冊＿＿＿＿

＊正反面均可節鈔史料

＊ 正反面均可節鈔所欲收集之史料

（四）論文卡片：（收集有關之史學論文）

分類＿＿＿＿

題目			
著者			
刊物		期數	
出版		館藏	
提要			

（乙）

就任何一學期所撰論文之用卡，予以分類。如原無用卡，即就論文所用材料，作爲假定之分類法。

(丙)

假定研究題目為「中葡澳門交涉事略」，就下列各記錄中，精心推考「研究用卡」運用，並舉例以明之。

(一)清季外交史料 王彥威纂 王亮編 中華民國廿二年十月初版 總發行人王希隱 北平迺茲府關東甸七號 書碼 $\frac{327.51}{100}$ 全書一百六十冊分為五集，外附圖像。

第一集清光緒朝外交史料二百十八卷裝訂一百十一冊又卷首一冊

第二集清宣統朝外交史料二十四卷裝訂廿四冊

第三集西巡大事記十一卷又卷首一本裝訂十二冊

第四集清季外交年鑑四卷裝訂四冊

(二)清宣統朝外交史料卷一頁四七至四八(宣統元年)粵督張人駿覆外部葡欲舉澳門環島而有之應妥酌辦理電

正月廿九日電敬悉，撤艦撤兵，進正月廿三日鈞電，應詳查澳督已否實彼此同時舉辦。正月十八日，葡艦已赴港修理，廿一日葡領於此議尚無所聞，是葡艦之去計，似無與於三端之議。叅觀去年四月間，洪准鈞電，葡使請撤拱北老望等處駐兵，又劉使電稱葡外部請中國勿置兵澳境，又李使電稱英外部據葡使訴告華兵入澳各節，並承鈞部電示，遽許撤退，即關認為彼界，所關尤大等因。宥電所陳，特就收地鈔能濬海撤礮艦三端，照現情形而論，可實見諸行事者。惟撤艦一節，葡艦以修理為名先去，即須從與我之撤兵同時舉辦。兩國界務交涉，凡先撤兵者，例視為退讓示弱，事關機要，理合據實商請裁示。至收鈔則捕人押勒，濬海則測量南環，並聞訂購機船，招延公司，皆去冬之事，歷經電達在案。誠見葡人舉動，亟亟不遑，其先由澳門圍徑三數里租地，近已據有全澳，浸淫遠於濱九洲洋之東南各島。丙午夏秋，潛移水標，貼近灣仔，去冬且派艦駐銀坑。十二月十五日准鈞電，彼政府竟謂常派兵輪前往本國屬地，直將認銀坑為其所屬，欲舉澳門西面環島海面而有之。事勢實已日逼，前後語意原無輕重於其間。總之界務一日未定，轇轕一日不清，卓見無遺。鄙意默察葡人已漸易狡悍為陰柔，力力詆粵官，屏不與議，於內外協籌周計，最非彼願。今故勘地必擇香港，勘員不取粵官，此次復謂駁所言失實，特施種種離間手段，然其術甚淺，鈞部諒已燭其狡謀也。高司到粵後，應即從長妥酌辦理。際此將勘未勘之時，狡詭舉動，有所聞見，仍當隨時電陳，請乞鈞察主持為禱。人駿支 （二月初五日澳門檔）

實習題三　撰人考訂

注意：本習題求證目的，在于訓訓考證能力，作者求得具體答案，固所盼企。即如史料中，不能求得正面之確定答案，亦可引用史料，證明不能求得答案之困難，如此亦能達到考證目的，亦能訓練考證能力，切不可拘泥於求證項目，而誤解史料。先入之見，不能重視，玆臆首爲提示。

假定研究題目爲「論語撰人推定」。求證論語撰人是否孔子，如斷定非孔子所作，是否即爲孔子門徒所作，如斷定非其門徒所作，其理由爲何？如斷定爲其門徒所作，又應屬於何人或何人等，其理由又爲何？

【一】論語記載孔子言行之格式

(一)學而

子曰：學而時習之，不亦悅乎。

(二)爲政

子貢問君子，子曰：先行其言，而後從之。

(三)公冶長

子謂公冶可妻也，雖在縲絏之中，非其罪也，以其子妻之。

(四)公冶長

宰予晝寢，子曰：朽木不可雕也，……

(五)雍也

子謂仲弓曰：犂牛之子，騂且角。……

(六)述而

子食於有喪者之側，未嘗飽也。

(七)述而

子以四教，文行忠信。

(八)述而

子溫而厲，威而不猛，恭而安。

(九)季氏

孔子曰：君子有三畏，畏天命，畏大人，畏聖人之言。

【二】論語中所記子夏之言行

(一)學而

子夏曰：賢賢易色，事父母能竭其力，事君能致其身，與朋友交，言而有信，雖曰未學，吾必謂之學矣。

(二)子張

1、子夏曰：雖小道必有可觀者焉，致遠恐泥，是以君子不為也。

2、子夏曰：日知其所亡，月無忘其所能，可謂好學也已矣。

3、子夏曰：博學而篤志，切問而近思，仁在其中矣。

4、子夏曰：百工居肆以成其事，君子學以致其道。

5、子夏曰：小人之過也必文。

6、子夏曰：君子有三變，望之儼然，即之也溫，聽其言也厲。

7、子夏曰：君子信而後勞其民，未信則以為厲己也，信而後諫，未信則以爲謗己也。

8，子夏曰：大德不踰閑，小德出入可也。

9，子夏曰：仕而優則學，學而優則仕。

10，子游曰：子夏之門人，小子當洒掃應對進退，則可矣，抑末也，本之則無如之何。子夏聞之曰：噫，言游過矣。君子之道，孰先傳焉，孰後傳焉，譬諸草木，區以別矣。君子之道，焉可誣也，有始有卒者，其唯聖人乎。

(三)八佾

子夏問曰：巧笑倩兮，美目盼兮，素以爲絢兮，何謂也？子曰：繪事後素。曰，禮後乎。子曰：起予者商也，始可與言詩已矣。

(四)雍也

子謂子夏曰：女爲君子儒，無爲小人儒。

(五)顏淵

樊遲問仁，子曰：愛人。問知，子曰：知人。樊遲未達。子曰：舉直錯諸枉，能使枉者直。樊遲退，見子夏曰：鄉也吾見於夫子而問知，子曰舉直錯諸枉，能使枉者直，何謂也？子夏曰：富哉言乎，舜有天下，選乎衆，舉皋陶，不仁者遠矣。湯有天下，選乎衆，舉伊尹，不仁者遠矣。

【三】論語中所記曾子之言行

(一)學而

1，曾子曰：吾日三省吾身，爲人謀而不忠乎，與朋友交而不信乎，傳不習乎。

2，曾子曰：愼終追遠，民德歸厚矣。

（二）泰伯

1，曾子有疾，召門弟子曰：啓予足，啓予手，詩云：戰戰兢兢，如臨深淵，如履薄冰。而今而後，吾知免乎小子。

2，曾子有疾，孟敬子問之，曾子言曰：……君子所貴乎道者三：動容貌，斯遠暴慢矣，正顏色，斯近信矣，出辭氣，斯遠鄙倍矣。

3，曾子曰：以能問於不能，以多問於寡，有若無，實若虛，犯而不校。昔者吾友，嘗從事於斯矣。

4，曾子曰：可以託六尺之孤，可以寄百里之命，臨大節而不可奪也，君子人與，君子人也。

5，曾子曰：士不可以不弘毅，任重而道遠。仁以爲己任，不亦重乎。死而後已，不亦遠乎。

（三）顏淵

子貢問友，子曰：忠告而善道之，不可則止，毋自辱焉。曾子曰：君子以文會友，以友輔仁。

（四）憲問

子曰：不在其位，不謀其政。曾子曰：君子思不出其位。

（五）子張

1，曾子曰：堂堂乎張也，難與並爲仁矣。

2，曾子曰：吾聞諸夫子，孟莊子之孝，其他可能也，其不改父之臣，與父之政，是難能也。

3，曾子曰：吾聞諸夫子，未有自致者也，必有親喪乎。

4，孟氏使陽膚爲士師，問於曾子，曾子曰：上失其道，民散久矣，如得其情，則哀矜而勿喜。

(六)里仁

子曰：參乎，吾道一以貫之。曾子曰：唯。子出，門人問曰：何謂也。曾子曰：夫子之道，忠恕而已矣。

(七)先進

子曰：柴也愚，參也魯。

【四】論語中所見記有子之言行

(一)學而

1，有子曰：其爲人也孝弟，而好犯上者，鮮矣。不好犯上，而好作亂者，未之有也。……

2，有子曰：禮之用，和爲貴。先王之道，斯爲美，小大由之。……

3，有子曰：信近於義，言可復也。恭近於禮，遠恥辱也。…

(二)顏淵

哀公問於有若曰：年饑用不足，如之何。有若對曰：盍徹乎？曰：貳，吾猶不足，如之何其徹也。對曰：百姓足，君孰與不足。百姓不足，君孰與足。

【五】論語中所記子貢之言行

(一)學而

1，子禽問於子貢曰：夫子至於是邦也，必聞其政，求之與，抑與之與？子貢曰：夫子溫良恭儉讓以得之，夫子之求之也，其諸異乎人之求之與。

2，子貢曰：貧而無諂，富而無驕，何如？子曰：可也，未若貧而樂，富而好禮者也。子貢曰：詩云，如切如磋，如琢如磨，其斯之謂與。子曰：賜也始可與言詩已矣，告諸往而知來者。

(二)八佾

子貢欲去告朔之餼羊，子曰：賜也，女愛其羊，我愛其禮。

(三)公冶長

1，子貢曰：賜也何如。子曰：女器也。曰：何器也。曰：瑚璉也。

2，子謂子貢曰：女與回也孰愈。對曰：賜也何敢望回。回也聞一以知十，賜也聞一以知二。子曰：弗如也。吾與女，弗如也。

3，子貢曰：我不欲人之加諸我也，吾亦欲無加諸人。子曰：賜也非女所及也。

4，子貢曰：夫子之文章，可得而聞也，夫子之言性與天道，不可得而聞也。

(四)雍也

曰，賜也可使從政也與，曰賜也達，於從政乎何有。

(五)子罕

太宰問於子貢曰：夫子聖者與，何其多能也。子貢曰：固天縱之將聖，又多能也。子聞之曰：太宰知我乎，吾少也賤，故多能鄙事。君子多乎哉，不多也。

(六)先進

1，閔子侍側，誾誾如也，子路行行如也，冉有子貢侃侃如也。子樂。若由也，不得其死然。

2，子曰：……賜不受命，而貨殖焉，億則屢中。

(七)顏淵

棘成子曰：君子質而已矣，何以文爲。子貢曰：惜乎夫子之說君子也，駟不及舌，文猶質也，質猶文也，虎豹之鞟，猶犬羊之鞟。

(八)憲問

1，子貢曰：管仲非仁者與，桓公殺公子糾不能死又相之。子曰：管仲相桓公，霸諸侯。一匡天下，民到于今受其賜。………

2，子貢方人，子曰：賜也賢乎哉，夫我則不暇。

(九)衛靈公

子曰：女以予爲多學而識之者與。對曰：然。曰：非也，予一以貫之。

(十)子張

1，子貢曰：君子之過也，如日月之食焉。過也人皆見之，更也人皆仰之。

2，子貢曰：紂之不善，不如是之甚也。是以君子惡居下流，天下之惡皆歸焉。

3，衞公孫朝問於子貢曰：仲尼焉學。子貢曰：文武之道，未墜於地在人。賢者識其大者，不賢者識其小者，莫不有文武之道焉。……

4，叔孫武叔語大夫於朝曰：子貢賢於仲尼。子服景伯以告子貢，子貢曰：譬之宮牆，賜之牆也及肩，闚見室家之好，夫子之牆數仞，不得其門而入，不見宗廟之美，百官之富，得其門者或寡矣，夫子之云，不亦宜乎。

5，叔孫武叔毀仲尼，子貢曰：無以爲也，仲尼不可毀也。他人之賢者丘陵也，猶可踰也。仲尼日月也，無得而踰焉。人雖欲自絕，其何傷于日月乎。多見其不知量也。

6，陳子禽謂子貢曰：子爲恭也，仲尼豈賢於子乎。子貢曰：君子一言以爲知，一言以爲不知，言不可不慎也。夫子之不可及也，猶天之不可階而升也。……

【六】論語中所記子游之言行

(一)里仁

子游曰：事君數，斯辱矣，朋友數，斯疏矣。

(二)雍也

子游爲武城宰，子曰：女得人焉耳乎？曰：有澹臺滅明者，行不由徑，非公事未嘗至於偃之室也。

(三)子張

1，子游曰：喪至乎哀而止。

2，子游曰：吾友張也，爲難能也，然而未仁。

【七】論語中所記子張之言行

(一)爲政

子張學干祿，子曰：……言寡尤，行寡悔，祿在其中矣。

(二)子張

1，子張曰：士見危致命，見得思義，祭思敬，喪思哀，其可已矣。

2，子張曰：執德不弘，信道不篤，焉能爲有，焉能爲亡。

3，子夏之門人，問交于子張，子張曰：子夏云何？對曰：子夏曰，可者與之，其不可者拒之。子張曰：異乎吾所聞，君子尊賢而容衆，嘉善而矜不能，我之大賢與，於人何所不容，我之不賢與，人將拒我，如之何其拒人也。

【八】論語中所記顏回之言行

(一)爲政

子曰：吾與回言，終日不違，如愚。退而省其私，亦足以發，回也不愚。

(二)公冶長

1，子謂子貢曰：女與回也孰愈，對曰：賜也，何敢望回。……子曰：弗如也，吾與女，弗如也。

2，顏淵季路侍，子曰：盍各言女志。……顏淵曰：願無伐善，無施勞。

(三)雍也

1，哀公問弟子，孰爲好學。孔子對曰：有顏回者好學，……不幸短命死矣，今也則無。

2，子曰：賢哉回也，一簞食，一瓢飲，在陋巷，人不堪其憂，回也不改其樂，賢哉回也。

(四)述而

子謂顏淵曰：用之則行，舍之則藏，唯我與爾，有是夫。

(五)子罕

1，子曰：語之而不惰者，其回也與。

2，子謂顏淵曰：惜乎吾見其進也，未見其止也。

(六)先進

1，子曰：回也非助我者也，於吾言無所不說。

2，季康子問弟子，孰爲好學。孔子對曰：有顏回者好學。……

【九】論語中記載孔子與其門徒問答之次數

論語中多記孔子與其門徒問答之詞，亦有其他人士(如魯哀公)問孔子以政者。關於孔子與其門徒辨難或對答，次數多寡不一，茲記其最多者：

子貢約十五次，　子路約十二次，　子張約十一次。

【十】論語及其他典籍所記孔子門徒之言行

(一)論語先進

德行顏淵閔子騫冉伯牛仲弓，言語宰我子貢，政事冉有季路，文學子游子夏。

(二)孟子滕文公上

孔子歿，三年之外，門人治任將歸，入揖於子貢，相嚮而哭，皆失聲，然後歸。子貢反，築室於場，獨居三年，然後歸。他日子夏子張子游，以有若似聖人，欲以所事孔子事之，强曾子，曾子曰：不可，江漢以濯之，秋陽以暴之，皜皜乎不可尙已。……

(三)史記一二九貨殖列傳

子貢既學於仲尼，退而仕於衞，廢著鬻財於曹魯之間，七十子之徒，賜最爲饒益。原憲不厭糟糠，匿於窮巷，子貢結駟連騎，束帛之幣以聘享諸侯，所至國君無不分庭與之抗禮。夫使孔子名布揚於天下者，子貢先後之也。

（四）史記四七孔子世家

明歲子路死於衞，孔子病，子貢請見，孔子方負杖逍遙於門，……後七日卒，孔子年七十三。……弟子皆服三年。三年心喪畢，相訣而去，則哭各復盡哀，或復留。唯子貢廬於冢上，凡六年，然後去，弟子及魯人往從冢而家者，百有餘室，因命曰孔里。魯世世相傳以歲時奉祠孔子冢，而諸儒亦講禮鄉飲大射於孔子冢。孔子冢大一頃，故所居堂弟子內，後世因廟藏孔子衣冠琴車書，至于漢二百餘年不絕。

（五）史記六七仲尼弟子列傳

1，端木賜衞人，字子貢，少孔子三十一歲。子貢好廢舉，與時轉貨貲。喜揚人之美，不能匿人之過。常相魯衞，家累千金，卒終於齊。

2，卜商字子夏，少孔子四十四歲。孔子既歿，子夏居西河教授，爲魏文侯師。其子死，哭之失明。

3，曾參南武城人，字子輿，少孔子四十六歲。孔子以爲能通孝道，故授之業，作孝經，死於魯。

4，有若少孔子十三歲，孔子既沒，弟子思慕，有若狀似孔子，弟子相與共立爲師，師之如夫子時也。他日弟子進問，有若默然無以應，弟子起曰：有子避之，此非子之座也。

實習題四　地域考訂

注意：地域考訂，一爲注意史料撰人之地域所在，一爲注意史實發生之地域關係，二者均屬於史料來源問題，通常易於忽視後者之重要，實亦大誤。

(甲)

推求黃鳥篇作者之地域

(一)詩秦風黃鳥

交交黃鳥，止于棘。誰從穆公，子車奄息。維此奄息，百夫之特，臨其穴，惴惴其慄。彼蒼者天，殲我良人，如可贖兮，人百其身。

交交黃鳥，止于桑。誰從穆公，子車仲行。維此仲行，百夫之防。臨其穴，惴惴其慄。彼蒼者天，殲我良人，如可贖兮，人百其身。

交交黃鳥，止於楚。誰從穆公，子車鍼虎。維此鍼虎，百夫之禦，臨其穴，惴惴其慄。彼蒼者天，殲我良人，如可贖兮，人百其身。

(二)左傳文公六年

秦伯任好卒，以子車氏之三子奄息仲行鍼虎爲殉。皆秦之良也，國人哀之，……君子曰：秦穆之不爲盟主也宜哉，死而棄民。先王違世，猶詒之法，而況奪之善人乎。

(乙)

推求下列二詩各作於何地

(一)元稹南昌灘

渠江明淨峽逶迤，船到名灘拽忿遲。艣窗動搖妨作夢，巴童指點笑吟詩。畬餘宿麥黃山腹，日背殘花白水湄。物色可憐心莫恨，此行都是獨行時。

(二)楊基長江萬里圖

我家岷山更西住，正見岷山發源處，三巴春霽雪初銷，百折千回向東去。江水東流萬里長，人今漂泊尚他鄉，烟波草色時牽恨，風雨猿聲欲斷腸。

(丙)

下列事實發生于何地

(一)全上古三代秦漢三國六朝文卷八

辨士田巴，辨於徂丘，議於稷下，毀五帝，罪三王，訾五伯，離堅白，合同異，一日而服千人。有徐劫者，其弟子曰魯仲連。連謂徐劫曰：臣願得當田子，使之必不復談，可乎？徐劫言之巴曰：劫弟子年十二耳，然千里之駒也，願得侍議於前，可乎？田巴曰，可。魯仲連得見曰：臣聞堂上之糞不除，郊草不芸，白刃交前，不救流矢。何者？急不暇緩也。今楚軍南陽，趙伐高唐，燕人十萬之衆在聊城，而不去國，亡在旦暮耳，先生將奈何？田巴曰：無奈何。魯仲連曰：夫危不能爲安，亡不能爲存，則無爲貴學士矣。今臣將罷南陽之師，還高唐之兵，卻聊城之衆，所爲貴談者，其若此也。先生之言，有似梟鳴出聲，而人皆惡之，願先生勿復談也。田巴曰：謹受教。明日復見徐劫曰：先生之駒，乃飛兔騕褭也，豈特千里哉。於是杜口，終身不復談。

（丁）

推求巡狩及封禪之地域關係

（一）史記二八封禪書

尙書曰：……遂類于上帝，禋于六宗，望山川，徧羣神，輯五瑞，擇吉月日，見四岳諸牧，還瑞。歲二月東巡狩，至于岱宗。岱宗，泰山也。柴望秩于山川，遂覲東后。東后者，諸侯也。合時月正日，同律度量衡，修五禮，五玉三帛二生一死贄。五月巡狩至南岳，南岳衡山也。八月巡狩至西岳，西岳華山也。十一月巡狩至北岳，北岳恆山也，皆如岱宗之禮。中岳嵩高也。……

（二）史記二八封禪書

古者封泰山，禪梁父者，七十二家，而夷吾所記者，十有二焉。……周成王封泰山，禪社首，皆受命然後得封。……其後百有餘年，而孔子論述六藝傳略，言易姓而王，封泰山禪乎梁父者，七十餘王，其俎豆之禮不章，蓋難言之。或問禘之說，孔子曰：不知，知禘之說，其於天下也視其掌。詩云：紂在位，文王受命，政不及泰山。武王克殷二年，天下未寧而崩。爰周德之洽，維成王。成王之封禪，則近之矣。及後陪臣執政，季氏旅於泰山，仲尼譏之。……其後百餘年，秦靈公作吳陽上畤，祭黃帝，作下畤，祭炎帝。……

(戊)

試述「華」「夏」「中國」等觀念之構成，與其地域關係。

(一)左傳

1，我諸戎飲食衣服，不與華同。

2，裔不謀夏，夷不亂華。

3，德以柔中國，刑以威四夷。

4，戎狄豺狼，不可厭也，諸夏親暱，不可棄也。

5，凡諸侯有四夷之功，則獻於王，王以警於夷。中國則否，諸侯不相遺俘。

(二)尚書

1，用肇造我區夏。

2，乃伻我有夏，式商受命，奄甸萬姓。

3，有夏不適逸，則惟帝降格，嚮於時夏。

(三)詩

1，我求懿德，肆于時夏。

2，無彼疆女界，陳常于時夏。

3，惠此中國，以綏四方。……惠此京師，以綏四國。

(四)逸周書：

1，華氏以亡，……夏后氏以亡，……殷商以亡。

2，自雒汭延于伊汭，居易無固，其有夏之居。

(五)孟子

夫然後之中國，踐天子位焉，而居堯之宮，……

(六)賈誼過秦論

踐華爲城，因河爲池。

實習題五 時代考訂

注意：史料之年代考訂，乃鑒定中一重要工作，而亦極爲艱難之工作。今茲所示，至爲容易，以設備不佳，而時間有限，難深考訂，無法爲之。實習之外，應詳讀例題，藉明此中奧蘊。

（甲）

下列數語約作於何時？

臣聞天子，守在四夷，此誠慮遠憂深之計。古來敵國外患，伏之甚微，而蓄之甚早，不守四夷而守邊境，則已無及矣，不守邊境，而守腹地，則更無及矣。我朝幅員廣闊，龍沙雁海，盡列藩封。以琉球守東南，以高麗守東北，以蒙古守西北，以越南守西南，非所謂山河礪帶，與國同休戚者哉。

（乙）

下列數語約作於何時？

按古人謂女眞不滿萬，滿萬不可當，以今日觀之，都司一，衛二百八十四，所二十，萬人豈止萬哉。文皇神謀睿算，銷患於未萌，遂分而散之，使之力足以自守，勢足以相抗，各授以官職，而不相聯屬，各自朝貢而不相糾合，是以百年來無東北之患。其間惟建州九者毛鄰三者，部落頗盛，時或竊犯邊鄙，往往生於邊將之貪功生事，或撫馭不以道，或誅求過其分。請擇人以爲將帥，使其無事而預備之，先事而調和之，因事而切實之。不責以非常之禮，不狥其分外之求，則長盧懷德矣。

(丙)

下列一文約作於何時

鴉片煙土係用罌粟花，結苞時刺取精液，熬煉而成。閩廣浙東雲南向有栽種罌粟，製造鴉片者，迭經科道各官，奏請嚴禁。內地遂無人取種，夷人益得居奇，而利藪全歸外洋矣。其實中原土性和平，所製價廉力薄，食之不甚傷人，上癮者易於斷絕。前明淡巴菰來自呂宋，即今之旱煙，性本酷烈，食者欲眩，先亦有禁，後乃聽民間吸食，內地得隨地種植，呂宋之煙遂不復至，食之亦竟無損。今若寬內地民人栽種罌粟之禁，則煙性平淡，既無大害。且內地之種日多，夷人之利日減，迨至無利可牟，外洋之來者自不禁而絕。特慮奪南畝之地力，荒農夫之耕耘，則關係非輕。但以臣所聞，廣東省情形言之，九月晚稻刈穫既畢，始種罌粟。南方氣暖，二三月便已開花，結實收漿後，方種早稻，初無礙於地力，而大有益於農夫。應請敕查各省舊種罌粟處，如果早晚兩稻，均無妨礙，亦准聽民之便，庶外洋無奇可居，而夷船之私售鴉片者，久之可以漸絕。

(丁)

「唐太宗入冥」小說約作於何時

(一)殘本「唐太宗入冥」小說照錄於下：

(上闕)判官懆惡不敢道名字。 帝曰：卿近前來，輕道姓崔 名子玉。朕當識。總言訖，使人引　皇帝至院門，使人奏曰：伏維陛下且立在此，容臣入報判官速來。言訖使者到廳前拜了，啓判官，奉大王處，　太宗是生魂到，領判官推勘，見在門外，未敢引。子玉聞語，驚忙起立。

(二)唐唐朝野僉載：

唐太宗極康豫，太史令李淳風見上，流淚無言，上問之，對曰：陛下夕當晏駕。太宗曰：人生有命，亦何憂也。留淳風宿。太宗至夜半，上奄然入定，見一人云：陛下暫合來，還即去也。帝問君是何人？對曰：臣是生人判冥事。太宗入見判官問六月四日事，即令還。向見者又迎送引導出。淳風即觀乾象，不許哭泣，須臾乃痛。至曙求昨所見者，令所司與一官，遂注蜀道一丞。

(三)清鄭烺崔府君祠錄：

神異錄滏陽八事之一曰：一日府君忽奉東岳聖帝旨敕勘隱巢等獄，府君令二青衣引太宗至。時魏徵已卒，迎太宗，屬曰：隱巢等，冤訴，不可與辨，帝功大，但弱遜，神必佑也，帝頷之。及對質，帝惟以功上陳，不與辨，府君判曰：帝撥世安民之功甚偉，隱巢等淫亂，帝誅除之，亦正義之義也，但不名正其罪惡，爲擅誅，促壽而已。今且君臨天下，爲蒼生主也。敕二青衣送帝回，隱巢等惶恐去。帝行復與府君別，府君曰：毋泄也。後帝令傳府君像與判獄神異，益信府君之德靈於神明矣。

(四)其他記載

朝野僉載不言冥判姓名，酉陽雜俎以爲崔子玉，宋費衮梁谿漫志載宋仁宗景祐二年，加崔眞君封號，詔曰：惠存滏邑，恩結蒲人，生著令猶，沒司冥府。又宋樓鑰題廟觀碑記，宣和三年磁守韓景作記，言唐太宗夢得之，詔入覲，刺蒲州，河北採訪使。均以崔爲冥判，而與太宗入冥有關。

(戊)

下引崔湜之詩，應作於何時，其時湜年幾何。

(一)崔湜出端門下天津馬上自吟

春還上林苑，花滿洛陽城。

(二)宋吳曾能改齋漫錄引翰林盛事

唐崔湜弱冠進士登科，不十年掌貢舉，遷兵部。父挹亦嘗爲禮部，至是父子累日同省爲侍郎。後登宰輔，年始三十六。崔之初執政也，方二十七，容止端雅，文辭清麗，嘗暮出端門下天津，馬上自吟，……張說時爲工部侍郎，望之杳然而嘆曰：此句可效，此位可得，其年不可及也。

(三)新唐書九九崔湜傳

湜字澄瀾，少以文詞稱。……景龍二年，遷兵部侍郎，……俄拜中書侍郎檢校吏部侍郎同中書門下平章事。……景雲中，太平公主引爲同中書門下三品，進拜中書令，…… 帝將誅蕭至忠，……湜徙嶺外，……追及荊州賜死，年四十三。……與弟液澄從兄淮，並以文翰居要官，每宴私自比東晉王謝。嘗曰：吾一門入仕歷官，未嘗不爲第一。丈夫當先據要路以制人，豈能默默受制於人哉。故進趣不已，至於敗。湜執政時，年三十八，嘗暮出端門，緩轡諷詩，張說見之嘆曰：文與位固可致，其年不可及也。

(四)舊唐書崔湜傳

神龍初，轉考功員外郎，(705 A.D.)……尋遷中書舍人。……景龍二年，遷兵部侍郎，(708 A.D.)……尋轉中書侍郎同中書門下平章事。……先天元年，拜中書令。(712 A.D.)……至忠等既誅，(先天二年)湜坐徙嶺外，……賜死。初湜與張說有隙，說時爲中書令，議者以爲說構陷之。……縊於驛中，時年四十三。

(五)新唐書一二五張說傳

中宗立，召爲兵部員外郎，(705 A.D.)累遷工部兵部二侍郎。……睿宗即位，擢中書侍郎。(710 A.D.)……玄宗爲太子，說與褚无量侍讀，尤見親禮，踰年進同中書門下平章事，監修國史。景雲二年，(711 A.D.)……明年，皇太子即皇帝位，太平公主引蕭至忠崔湜等爲宰相，以說不附己，授尚書左丞，罷政事。……至忠等已誅，召爲中書令。……(開元)十八年(730 A.D.)卒，年六十四。

實習題六　史料校讎

注意：校讎工作，有其必備之條件，亦有其固定之體例，諸當遵守。此外工作力求詳確，尤當十分留意，否則以正爲誤，或以訛傳訛，反於史料眞相有損。昔王念孫之所校讎，後經胡懷琛駁正之者，亦不少，以王氏之精深，猶不免於千慮一失，初學爲此，安可不愼。

(甲)

校正竹簡齋本北史傳論

(一)北史六〇傳論(百衲本)

每二大將軍督二開府，凡爲二十四員。分團統領，是二十四軍，每團儀同二人，自相督率，不編戶貫，都十二大將軍。

(二)北史六〇傳論(竹簡齋本)

每二大將軍，督二開府，凡爲卄四員。分開國領，是二十四軍。每一團儀同二人，自相督率，不編戶貫，都十二大將軍。

(三)其他有關之說

唐律疏義九「折衝府地團」，唐六典二五隋有「軍坊鄉團」。

(乙)

就下列數篇互相校正

(一)三國志二八鄧艾傳(百衲本)

陳蔡之間，土下田良，可省許昌左右諸稻田，幷水東下。令淮北屯二萬人，淮南三萬人，十二分休，常有四萬人，且田且守。水豐常收三倍於西，計除衆費，歲完五百萬斛，以爲軍資。大七年間，可積三千萬斛於淮上，此則十萬之衆五年食也。

(二)三國志二八鄧艾傳(竹簡齋本)

陳蔡之間，上下田良，可省許昌左右諸稻田，并水東下。令淮北屯二萬人，淮南三萬人，十二分休，常有四千人，且田且守。水豐常收三倍於西，計除衆費，歲完五百萬斛，以為軍資。六七年間，可積三千萬斛於淮上，此則十萬之衆五年食也。

(三)晉書二六食貨志(百衲本)

陳蔡之間，土下田良，可省許昌左右諸稻田，并水東下，令淮北二萬人，淮南三萬人，分休，且佃且守。水豐常收三倍于西，計除衆費，歲完五百萬斛，以為軍資。六七年間，可積三千萬斛於淮上，此則十萬之衆，五年食也。以此乘敵無不尅矣。宣帝善之，皆如艾計施行。

(四)晉書二六食貨志(竹簡齋本)

陳蔡之間，土下田良，可省許昌左右諸稻田，并水東下。令淮北二萬人，淮南三萬人，分休，且佃且守。水豐常收三倍於西，計除衆費，歲完五百萬斛，以為軍資。六七年間，可積三千萬斛於淮北，此則十萬之衆，五年食也。以此乘敵，無不尅矣。宣帝善之，皆如艾計施行。

(丙)

校正古文苑本木蘭詩之詞句

(一)古文苑本木蘭詩

促織何唧唧，木蘭當戶織。不聞機杼聲，維聞女嘆息。問女何所思，問女何所憶。女亦無所思，女亦無所憶。昨夜見軍帖，可汗大點兵。軍書十二卷，卷卷有耶名。阿耶無大兒，木蘭無長兄，願爲市鞍馬，從此替耶征。東市買駿馬，西市買鞍韉，南市買轡頭，北市買長鞭。旦辭耶孃去，暮宿黃河邊，不聞耶孃喚女聲，但聞黃河流水鳴濺濺。旦辭黃河去，暮宿黑山頭，不聞耶孃喚女聲，但聞燕山胡騎聲啾啾。萬里赴戎機，關山度若飛，朔氣傳金柝，寒光照鐵衣。將軍百戰死，壯士十年歸。歸來見天子，天子坐明堂，策勳十二轉，賞賜百千彊。可汗問所欲，木蘭不用尚書郎，願馳千里足，送兒還故鄉。耶孃聞女來，出郭相扶將，阿姊聞妹來，當戶理紅粧，小弟聞姊來，磨刀霍霍向豬羊。開我東閣門，坐我西閣床，脫我戰時袍，著我舊時裳。當牕理雲鬢，掛鏡帖花黃。出門看火伴，火伴皆驚忙，同行十二年，不知木蘭是女郎。雄兔腳撲朔，雌兔眼彌離，雙兔傍地走，安能辨我是雄雌。

(二)文苑英華本木蘭歌

唧唧何力力，……可汗欲與木蘭賞，不用尚書郎，願得鳴駝千里足，送兒還故鄉。……（餘同古文苑本）

(三)樂府詩集本木蘭詩

唧唧復唧唧，……（餘同文苑英華本）

(四)其他有關之說

文苑英華古文苑樂府詩集，皆宋人編定之書，以文苑英華成書爲早。三書所載詞句不同；不爲根據版本有異，則爲各自妄有更改。今按北歌中之折楊柳歌辭，有「敕敕何力力」，敕與唧均在廣韻入聲職部，用以形容靜默中所發細碎聲者，唐段成式酉陽雜俎引木蘭歌，「願借明駝千里足」，並云「明多誤作鳴」又朝野僉載所紀駝李故事亦作「明駝」。按木蘭歌，乃北歌，樂府詩集列于鼓角橫吹曲之類，而加按語云：「歌辭有木蘭一曲」。其詞句均與北地歌有關，不知者自爲加以臆度，而妄加刪改。

(丁)

下引二段史記何者有誤，試校正之。

(一)史記十二諸侯年表

燕惠公元年，齊高止來奔。……六年，公欲殺公卿，立幸臣。公卿誅幸臣，公恐，出奔齊。

(二)史記燕召公世家

惠公多寵姬，公欲去諸大夫，而立寵姬宋。大夫共誅姬宋，惠公懼，奔齊。

(三)史記索隱云

宋鬍名也，或作宗。劉氏云，其父兄爲執政，故諸大夫共滅之。

實習題七　正誤

注意：校讎與正誤有關，然正誤之範圍遠較校讎爲廣，除校訂史料文詞上之錯誤外，尙有史實之改正，與改正前人對于史實之解釋等。習作時，卽宜分別留意。

（甲）

下引「龍川別志」是否有誤，試予說明。

（一）宋史二四五楚王元佐傳

初秦王廷美遷涪陵，元佐獨申救之。廷美死，元佐遂發狂，至于小過，持梃刃傷侍人。雍熙二年，疾少間，上喜，爲赦天下。重陽內宴，……元佐恚曰：若等與上宴，我獨不與，是棄我也。遂發忿，被酒，夜縱火焚宮。……廢爲庶人，均州安置。

（二）通鑑長編紀事本末九引司馬光日記

宋敏求云，廷美之貶，元佐請其罪，由是失愛。

（三）仝上引龍川別志

太宗將立元佐爲嗣，元佐辭，欲立太祖之子，由此遂廢。

（四）仝上八至九

太平興國七年三月，罷廷美開封尹。……五月，降廷美爲涪陵公，房州安置。……八年十月，戊戌，衞王德崇改名元佐，……已酉，元佐進封楚王。…… 雍熙元年七月庚午，上謂宰相曰：近有人上章言及儲貳者，……國家宗嗣，豈不在心。卻緣學業之間，有所未可。朕於諸子，常加訓勵，……但緣年方幼少，未有成人之性。……更待三五年後，各漸成長，自然別有道理。朕於處置，必得其宜。…… 九月初，涪陵王廷美既得罪，楚王元佐獨申救之，上不聽。廷美死，元佐遂感心疾，或經時不朝請。

(乙)

李白溺江傳說，是否有所根據？

(一)宋代傳說

周必大二老堂雜志，謂世傳太白因醉溺江，故太平州牛渚磯有捉月台，意即李白溺江處也。

(二)梅聖俞詠李白詩

醉中愛月江底懸，以手弄月身翻然，不應暴落飢蛟涎，便當騎鯨上青天。

(三)舊唐書一九〇李白傳

竟以飲酒過度，醉死于宣城。

(四)新唐書二〇二李白傳

李冰陽爲當塗令，白依之。代宗立，以左拾遺召，而白已卒，年六十餘。白晚好黃老，度牛渚磯，至姑熟，悅謝家青山，欲終焉。及卒葬東麓。元和末宣歙觀察使范傳正祭其冢，禁樵採。訪後裔，惟二孫女嫁爲民妻，進止仍有風範，因泣曰：先祖志在青山，頃葬東麓，非本意。傳正爲改葬立二碑焉。

(五)李陽冰李太白集序

陽冰試絃歌於當塗，心非所好。公遐不我棄，乘扁舟而相顧。臨當掛冠，公又疾亟。草稿萬卷，手集未修，枕上授簡，俾余為序。……

(丙)

史記正字之批評

(一)史記孟嘗君傳：「此雄雌之國也，勢不兩立，為雄雄者得天下矣」。王念孫以為衍一雄字。胡懷琛以為原文爲誤，當句讀為：「此雄雌之國也，勢不兩立為雄，雄者得天下矣」。正如「敗人則我為雄」(史記文)之義。孰者為是？

(二)史記匈奴列傳：「今單于能即前與漢戰，天子自將兵待邊。單于即不能，即南面而臣於漢」。漢書則云：「今單于即能與漢戰，天子自將兵待邊。即不能，亟南面而臣於漢」。王念孫以為「即能」與「即不能」為對文，胡懷琛以為「即前與漢戰」與「即南面而臣於漢」為對文。二者孰是。

(三)史記孟嘗君傳：「食客數千人，無貴賤一與文等」。太平御覽待士類，引此作「無貴賤一與之等」，賓客類引此則作「無貴賤一與文等」。校史記者各有所本，無由依據，究以何者為是。

(丁)

清宣統時製有國樂詞一首，今史籍所載，不盡不同。黨會特刊載詞並句讀如下，是否有誤。

鞏金甌，承天幬，民物欣，鳧藻喜。同袍，清時幸遭，真熙皞。帝國天穹保，天高高，地滔滔。

實習題八　辨僞

注意：辨僞與正誤亦有關連之處，然致誤與作僞之由來，則亦略有分別。且僞史流傳，不獨其本身不可信賴，數能影響及於後來學者之史德與史觀。習作時，務當格外謹嚴，以免認僞爲眞，或誤眞爲僞。

（甲）

秦檜逃歸說辨僞。

(一)宋史四七三秦檜傳

初二年北遷，檜與傅叔夜何㮚司馬朴從至燕山，又徙韓州。上皇聞康王即位，作書貽粘罕，與約和議，俾檜潤色之。檜以厚賂粘罕。會金主與乞買以檜賜其弟撻懶爲任用，撻懶攻山陽，建炎四年十月甲申，檜與妻王氏及婢僕一家，自軍中取漣水砦，航海歸行在。……檜之歸也，自言殺金人監己者奪舟而來。……

(二)趙甡之遺史

達賚遂令王氏同行，檜爲隨軍轉運，在孫村浦寨中。楚城陷，孫村寨金人爭趨入楚州。檜密約孫靜于淮岸，乘紛紛不定，作催淮陽軍海州錢糧爲名，同王氏……令靜掛席而去。

(三)秦檜北征實錄

寨中日夜慘礉，無以爲計，欲留宿以俟後便，恐或追招楚城，又恐城破被用，乃荐陳邦光李儔蔡穀禮豐，以爲可以任使。又爲言楚州褊小，不足攔討之意，皆所以求自免也。城既破，夜欲因衆競利之時，奔馬西還。而金人已先潛伏，以備城中逋人，明日見諸刻木。……乃定計登舟，……兩日不可得，……是夜登舟，……具杖謁統制公。……有副將劉靖者，宿謀相圖，以取橐裝。偶先聞之，乃于席半指劉，斥其陰計。劉自知計已發露，不復有言。……

(四)朱勝非秀水閒居錄

秦檜隨敵北去，爲大帥達賚任用，至是與其家俱得歸。檜，王氏壻也。王仲山有別業在濟南，金爲取千緡贐其行。……全家來歸，婢僕亦無故。……

(乙)

就下列材料，略述管子非管仲所作。

(一)管子大匡第八

齊僖公生公子諸兒公子糾公子小白。……僖公之母弟夷仲年生公孫無知，有寵於僖公，公服禮秩如適。僖公卒，以諸兒長，得爲君，是爲襄公。襄公立後，絀無知，無知怒。公令連稱管至父戍葵丘曰：瓜時而往，及瓜時而來。期戍，公問不至，請代不許，故二人因公孫無知以作亂。魯桓公夫人文姜，齊女也，公將如齊，與夫人皆行。申俞諫曰：不可，女有家，男有室，無相瀆也，謂之有禮。公不聽，遂以文姜會齊侯於濼。文姜通於齊侯，桓公聞，責文姜。文姜告齊侯，齊侯怒，饗公，使公子彭生乘魯侯，脅之，公薨於車。豎曼曰，賢者死忠以振疑，百姓寓焉，智者究禮而長慮，身得免焉。今彭生二於君，無盡言而諛行以戲我君，使我君失親戚之禮命，又力成吾君之禍，以構二國之怨，彭生其得免乎，禍理屬焉。夫君以怒遂禍，不畏惡親聞容，昏生無醜也，豈及彭生而能止之哉。魯若有誅，必以彭生爲說。二月，魯人告齊曰：寡君畏君之威，不敢寧居，來修舊好，禮成而不反，無所歸死，請以彭生除之。齊人爲殺彭生，以謝於魯。五月，襄公田于貝丘，見豕彘，從者曰：公子彭生也。公怒曰：公子彭生安敢見，射之。豕人立而啼，公懼，墜於車下，傷足亡屨。反，誅屨於徒人費，不得也，鞭之見血。費走而出，遇賊於門，脅而束之，費袒而示之背，賊信之，使費先入，伏公而出，鬥死於門中。石之紛如，死于階下。孟陽代君寢於牀，賊殺之，曰：非君也不類。見公之足於戶下，遂殺公，而立公孫無知也。

(二)左傳莊公九年

齊侯使連稱管至父戍葵丘，瓜時而往，曰：及瓜而代。期戍，公問不至，請代弗許，故謀作亂。僖公之母弟曰夷仲年，生公孫無知，有寵於僖公，衣服禮秩如適，襄公絀之。二人因之以作亂。連稱有從妹在公宮無寵，使間公，曰：捷，吾以女爲夫人。冬十二月，齊侯游于姑棼，遂田于貝丘。見大豕，從者曰：公子彭生也。公怒曰：彭生敢見。射之，豕人立而啼。公懼墜于車，傷足喪屨。反，誅屨於徒人費，弗得，鞭之見血。

走出，遇賊於門，劫而束之。費曰：我奚御哉，袒而示之背。賊信之，費請先入。伏公而出，鬥死于門中。石之紛如，死于階下。遂入殺孟陽于牀，曰：非君也，不類。見公之足于戶下，遂弒之，而立無知。

(三)史記三十二齊太公世家

初襄公使連稱管至父戍葵丘，瓜時而往，及瓜而代。往戍一歲，卒瓜時而公弗爲發代，或爲請代，公弗許。故此二人怒，因公孫無知謀作亂。連稱有從妹在公宮無寵，使之間襄公，曰：事成以女爲無知夫人。冬十二月，襄公游姑棼，遂獵沛丘，見彘，從者曰：彭生。公怒，射之，彘人立而啼，公懼墜車，傷足失屨。反而鞭主屨者茀三百。茀出宮，而無知連稱管至父等聞公傷，乃遂率其衆襲宮，逢主屨茀，茀曰：且無入驚宮，驚宮未易入也。無知弗信，茀示之創，乃信之，待宮外，令茀先入。茀先入，卽匿襄公戶間，良久無知等恐，遂入宮，茀反與宮中及公之幸臣攻無知等，不勝，皆死。無知入宮，求公不得，或見人足於戶間，發視乃襄公，遂弒之，而無知自立爲齊君。

(四)管子小匡第二十

葵丘之會，天子使大夫宰孔致胙於桓公曰：余一人之命，有事於文武，使宰孔致胙，且有後命曰：以爾自卑勞，實謂爾伯舅毋下拜。桓公召管仲而謀，管仲對曰：爲君不君，爲臣不臣，亂之本也。桓公曰：余乘車之會三，兵車之會六，九合諸侯，一匡天下，北至於孤竹山戎穢貉拘秦夏，而至流沙西虞，南至吳越巴牂牁瓜不庾雕題黑齒荊夷之國，莫違寡人之命，而中國卑我。昔三代之受命者，其異於此乎？管子對曰：夫鳳皇鸞鳥不降，而鷹隼鴟梟豐，庶神不格，守龜不兆，握粟而筮者屢中，時雨甘露不降，飄風暴雨數臻，五穀不蕃，六畜不育，而蓬蒿藜藋並興。夫鳳皇之文，前德義，後日昌，昔人之受命者，龍龜假，河出圖，雒出書，地出乘黃，今三祥未有見者，雖曰受命，無乃失諸乎。桓公懼，出見客曰：天威不違顏咫尺，小白承天子之命，而毋下拜，恐顛蹶於下，以為天子羞。遂下拜，登受。賞服大路龍旗九游渠門赤旂，天子致胙於桓公而不受，天下諸侯稱順焉。

(五)國語六齊語

葵丘之會，天子使宰孔致胙于桓公曰：余一人之命，有事于文武，使孔致胙。且有後命曰，以爾自卑勞，實謂伯舅無下拜。桓公召管子而謀，管子對曰：為君不君，為臣不臣，亂之本也。桓公懼，出見客曰：天威不違顏咫尺，小白余敢承天子之命曰爾無下拜，恐隕越于下，以為天子羞，遂下拜升受命。賞服大路龍旂九旒渠門赤旂，諸侯稱順焉。

(六)左傳僖公九年

夏會于葵丘，尋盟，且修好，禮也。王使宰孔賜齊侯胙，曰：

天子有事于文武，使孔賜伯舅胙。齊侯將下拜，孔曰：且有後命，天子使孔曰：以伯舅耋老，加勞賜一級，無下拜。對曰：天威不違顏咫尺，小白余敢貪天子之命無下拜，恐隕越于下，以遺天子羞。敢不下拜，下拜登受。

(七)管子小匡第二十

管子對曰：昔吾先王周昭王穆王，世法文武之遠跡，以成其名。合羣國，比校名之有道者，設象以爲民紀式。美以相應，比綴以書，原本窮末。勸之以慶賞，糾之以刑罰，糞除其顛旄。賜予以鎮撫之，以爲民終始。

(八)國語六齊語

管子曰：昔吾先王昭王穆王，世法文武遠績，以成名。合羣叟，比校民之有道者，設象以爲民紀式，權以相應，比綴以度，竱本肇末。勸之以賞賜，糾之以刑罰，班序顛毛，以爲民紀統。

(九)管子大匡第十八

管仲對曰：君會其君臣父子，則可以加政矣。公曰：會之道奈何？曰：諸侯無專立妾爲妻，毋專殺大臣，無國勞，毋予專祿。士庶人無專棄妻，毋曲隄，毋貯粟，毋禁材。行此卒歲，則始可以罰矣。

(十)孟子告子章下

五霸桓公爲盛，葵丘之會諸侯，束牲載書而不歃血。初命曰，誅不孝，無易樹子，無以妾爲妻。再命曰，尊賢育才，以彰有德。三命曰，敬老慈幼，無忘賓旅。四命曰，士無世官，官事無攝，取士必得，無專殺大夫。五命曰，無曲防，無遏糴，無有封而不告。曰：凡我同盟之人，既盟之後，言歸于好。

實習題九　史料詮釋(一)

注意：假定已經鑒定之史料，與原來史實極相近。於是吾人編撰史書時，對於史料如何認識之或解釋之，乃又吾人之心理問題。換言之，吾人希望史料撰人之內心印象，與原來史實大致相符，更希望史料讀者之內心印象，亦與原來史料所表達者完全相符。是史料詮釋工作，與史料編撰，同其艱深。傅會或不正確之解釋，往往使史實大呈差異，作者宜注意此差異之點而時加警惕。

(甲)

何謂「十二分休」？

(一)三國志二八鄧艾傳(百衲本)

陳蔡之間，土下田良，可省許昌左右諸稻田，并水東下。令淮北屯二萬人，淮南三萬人，十二分休，常有四萬人，且田且守。水豐常收三倍於西，計除衆費，歲完五百萬斛，以爲軍資。六七年間，可積三千萬斛於淮上，此則十萬之衆五年食也。

(乙)

詩載芟所描寫之對象，應爲誰屬。

(一)詩載芟

載芟載柞，其耕澤澤。千耦其耘，徂隰徂畛。侯主侯伯，侯亞侯旅，侯彊侯以。有嗿其饁，思媚其婦。有依其士，有略其耜，俶載南畝。

(二)釋字

芟柞——夫荆棘也。　　耦——二耜爲耦，言二人合作鬆土也。 徂——往也。 隰畛——分指高下之田也。 侯——發語詞也。 主——首也。 伯——長也。 亞——次也。 旅——衆也。 彊——强同。 以——能左右人也。 噲——嚮也。 略——使之利也。 俶——始也。 載——事也。

(三)近出新書，對於載芟一章之解釋，略如下述，是否妥當？

所謂「侯主」「侯伯」「侯旅」一般人物，盡都是替封建貴族監視農民怠工的「警犬」。一有怠工舉動被發覺，便以迅速手段撲滅之。

(丙)

釋下列晉書苻堅載記之文。

(一)晉書劉曜載記

置單于臺于渭城，拜大單于，置左右大賢王以下，皆以胡羯鮮卑氐羌豪傑爲之。

(二)晉書苻堅載記

(姚)萇求傳國璽於(苻)堅曰：萇次膺符曆，可以爲惠。堅瞋目叱之曰：小羌，乃敢干逼天子，豈以傳國璽授女羌也。圖緯符命，何所依據？五胡次序，無汝羌名。

(丁)

解釋下列左傳之文。

(一)左傳昭公十六年，「宣子有一環，其一在鄭商。宣子謁諸鄭伯，子產弗與。……曰：昔我先君桓公，與商人皆出自周，庸次比耦，以艾殺此地，斬之蓬蒿藜藋而共處之。世有盟誓，以相信也，曰：爾無我叛，我無強賈，毋或匄奪，爾有市利寶賄，我弗與知」。有謂此爲商人地位提高之證，有謂此叠爲子產之外交詞令。試就封建社會之情況，與文字內容，予以判斷。

(二)左傳僖公三十三年，「秦師……及滑，鄭商人弦高將市於周，遇之以乘韋先十二牛犒師，曰：寡君聞吾子將步師出於敝邑，敢犒從者。……孟明曰：鄭有備矣」。有謂此爲商業發達之證，亦有謂爲不然者。試就文字內容，說明弦高犒秦師一舉，與商業發展，究有若何關係。

(戊)

古代量酒單位，究應與米同否？

(一)太平御覽八四三引史記

項莊入以劍舞，欲因擊沛公。張良至軍門見樊噲曰：甚急，今項莊拔劍舞，其意常在沛公也。噲曰：此迫矣，臣請入，與之同命。噲即帶劍擁盾入軍門。交戟之衞士欲止不內，噲側其盾以撞，衞士仆地，噲遂入披帷西向而立，瞋目視項王。項王按劍而跽曰：客何爲者？良曰：沛公參乘樊噲也。王曰：壯士賜之巵酒。則與斗巵酒，樊噲飲之。王曰：賜之彘肩。則與一生彘肩，噲覆盾於地，拔劍切而啗之。王曰：壯士，能復飲乎？曰：臣死且不避，巵酒安足辭。

(二)仝上引後漢書

大將軍袁紹總兵冀州，遣使要鄭玄，大會賓客。玄最後至，乃延昇上坐。身長八尺，飲酒一斛，秀眉明目，容儀溫偉。

(三)仝上八四四引魏略

華歆能劇飲，至石餘不亂。衆人微察，常以其整衣冠爲異。

(四)前漢書二十四下食貨志

今絕天下之酒，則無以行禮相養，放而亡限，則費財傷民。請法古，令官作酒以二千五百石爲一均，率開一盧，以賣。讎五十釀爲準，一釀用麤米二斛，麴一斛，得成酒六斛六斗。各以其市月朔，米麴三斛，并計其賈，而參分之，以其一爲酒一斛之平，除米麴本賈，計其利而什分之，以其七入官，其三及醩截灰炭，給工器薪樵之費。

(五)吳承洛中國度量衡史

秦及西漢時，一升等於今 0.3425 市升。新莽及後漢時，一升等於今 0.1981 市升。

實習題十　史料詮釋(二)

注意：史料詮釋，亦具史料鑒定之功能，是即考訂史料來源與正誤辨僞也。習作時，留意及此，則方法之運用自如，可操左券。

(甲)

就木蘭歌本文，解釋天子與可汗，係指一人，抑指二人。

(一)文苑英華本木蘭歌

喞喞何力力，木蘭當戶織，不聞機杼聲，維聞女嘆息。問女何所思？問女何所憶？女亦無所思，女亦無所憶。昨夜見軍帖，可汗大點兵，軍書十二卷，卷卷有耶名。阿耶無大兒，木蘭無長兄，願爲市鞍馬，從此替耶征。東市買駿馬，西市買鞍韉，南市買轡頭，北市買長鞭。旦辭耶孃去，暮宿黃河邊，不聞耶孃喚女聲，但聞黃河流水鳴濺濺。旦辭黃河去，暮宿黑山頭，不聞耶孃喚女聲，但聞燕山胡騎聲啾啾。萬里赴戎機，關山度若飛，朔氣傳金柝，寒光照鐵衣。將軍百戰死，壯士十年歸。歸來見天子，天子坐明堂，策勳十二轉，賞賜百千強。可汗問所欲，木蘭不用尙書郎，願馳明駝千里足，送兒還故鄉。耶孃聞女來，出郭相扶將，阿姊聞妹來，當戶理紅粧，小弟聞姊來，磨刀霍霍向豬羊。開我東閣門，坐我西閣床，脫我戰時袍，著我舊時裳，當牕理雲鬢，挂鏡帖花黃。出門看火伴，火伴皆驚忙，同行十二年，不知木蘭是女郎。雄兔脚撲朔，雌兔眼彌離，雙兔傍地走，安能辨我是雄雌。

(乙)

試釋下引史記封禪書之文，兼以正漢書郊祀志之誤。

(一)史記封禪書原文

其明年郊雍，獲一角獸，若麟然，有司曰：陛下肅祗郊祀，上帝報享，錫以角獸，蓋麟云。於是以薦五畤，畤加一牛，以燎。錫諸侯白金，風符應合於天也。於是濟北王以爲天子且封禪，乃上書獻泰山及其旁邑。天子以他縣償之。常山王有罪遷，天子封其弟於眞定，以續先王祀，而以常山爲郡，然後五岳皆在天子之邦。其明年，齊人少翁以鬼神方見上。上有所幸王夫人，夫人卒，少翁以方，蓋夜致王夫人及灶鬼之貌云。天子自帷中望見焉，於是乃拜少翁爲文成將軍，賞賜甚多，以客禮禮之。文成言曰：上即欲與神通，宮室被服非象神，神物不至，乃作畫雲氣車，及各以勝日駕車，辟惡鬼。又作甘泉宮，中爲臺室，畫天地太一諸鬼神，而置祭具，以致天神。居歲餘，其方益衰，神不至，乃爲帛書以飯牛，佯不知，言曰：此牛腹中有奇，殺視得書，書言甚怪。天子識其手書，問其人，果是僞書，於是誅文成將軍，隱之。其後，則又作柏梁銅柱承露仙人掌之屬矣。文成死明年，天子病鼎湖甚，巫醫無所不致，不愈。游水發根言上部有巫病，而鬼神下之，上召致，祠之甘泉。及病，使人問神君，言曰：天子無憂病，病少愈，彊與我會甘泉。於是病愈，遂起幸甘泉。病良已，大赦，置酒壽宮神君。壽宮神君，最貴者太一，其佐曰大禁司命之屬，皆從之，弗可得見，聞其言，言與人音等，時去時來，來則風肅然，居室帷中，時晝言，然常以夜。天子祓然後入，因巫爲主人，關飲食，以所言行下。又置壽宮北宮，張羽旗，設供具，以禮神君。神君所言，上使人受書其言，命之曰書法，其所語，世俗之所知也，無絕殊者，而天子心獨喜，其事祕，世莫知也。其後三年，有司言元宜以天瑞命，不宜以一二數。一元曰建，二元以長星曰光，三元以郊得一角獸曰狩云。其明年冬，天子郊雍。

(二)漢書郊祀志與上引史記，文詞略有出入，玆錄如下。

後二年郊雍，獲一角獸若麃然，有司曰：陛下肅祗郊祀，上帝報享，錫一角獸蓋麟云。於是以薦五畤，畤加一牛以燎，賜諸侯白金，以風符應合於天也。於是濟北王以爲天子且封禪，上書獻泰山及其旁邑，天子以它縣償之。常山王有罪遷，天子封其弟真定，以續先王祀，而以常山爲郡，然後五嶽皆在天子之邦。明年齊人少翁以方見上，上有所幸李夫人，夫人卒，少翁以方，蓋夜致夫人及灶鬼之貌云，天子自帷中望見焉。迺拜少翁爲文成將軍，賞賜甚多，以客禮禮之。文成言上卽欲與神通，宮室被服非像神，神物不至。迺作畫雲氣車，及各以勝日駕車避惡鬼。又作甘泉宮，中爲臺室畫天地泰一諸鬼神，而置祭具，以致天神。居歲餘，其方益衰，神不至，迺帛書以飯牛，陽不知，言此牛腹中有奇書。殺視得書，書言甚怪，天子識其手，問之，果僞書。於是誅文成將軍，隱之。其後又作柏梁銅柱承露仙人掌之屬矣。文成死明年，天子病鼎湖甚，巫醫無所不致。游水發根言上郡有巫病，而鬼下之，上召置祠之甘泉。及病使人問神君，神君言曰：天子無憂病，病少瘉，强與我會甘泉。於是上病瘉，遂起幸甘泉。病良已，大赦，置壽宮神君。神君最貴者曰太一，其佐曰太禁司命之屬，皆從之，非可得見，聞其言，言與人音等。時去時來，來則風肅然，居室帷中，時晝言，然常以夜。天子祓然後入，因巫爲主人，關飲食，所欲言行下。又置壽宮北宮，張羽旗，設供具，以禮神君，神君所言，上使受書，其名曰書法。其所言，世俗之所知也，無絕殊者，而天子心獨喜，其事祕，世莫知也。後三年，有司言元宜以天瑞，不宜以一二數。一元曰建，二元以長星曰光，今郊得一角獸曰狩云。其明年，天子郊雍。

(三)漢書本紀中所見上述事實之年代

1，元狩元年，獲麟。

2，元狩二年，齊人少翁得進。

3，元鼎元年，天子病鼎湖甚。

4，元鼎三年，有司言建元事。

5，元鼎四年，郊雍。

實習題十一　史料綜合（一）

注意：史料經鑒定與詮釋之後，即當綜合以構成吾人所求知之歷史現象。此中要點，在於認識史料之價值，不爲片斷或零亂之史料所蒙蔽。若專就此點言之，即爲史料之融會貫通是。餘詳下一習題。

（甲）

從下列史料中，求其聯貫之關係。

（一）晉書石勒載記

以河內魏汲……十一郡，並前趙國……十三郡，合二十四郡，戶二十九萬，爲趙國封內，依舊改爲內史。準禹貢魏武復冀州之境，……以單于鎮撫百蠻。

（二）晉書石閔載記

閔拜其子胤爲大單于，……（韋）謏諫曰：願誅屏降胡，去單于之號，深思聖王苞桑之誡也。閔志在綏撫，銳於澄定，聞其言大怒，遂誅之。

（三）隋書西突厥傳

啓民上表陳謝曰：大隋聖人莫緣可汗，憐養百姓，如天無不覆，地無不載也。諸姓蒙威恩，赤心歸服，並將部落投聖人可汗來也。……

（四）仝上

沙鉢略遣使致書曰：辰年九月十日，從天生大突厥天下賢聖天子，伊利俱盧設莫何始波羅可汗，致書大隋皇帝，……

(五)王溥唐會要

四年(貞觀)三月，諸蕃君長詣闕，請太宗爲天可汗。乃下制，今後璽書賜西域北荒之君長，皆稱皇帝天可汗。諸蕃渠帥，有死亡者，必下詔册立其後嗣焉。統制四夷，自此始也。

(乙)

從下列事實中，深切瞭解「步百爲畝」之涵義。

(一)漢書食貨志

過(趙)能爲代田，一畝三甽，歲代處，故曰代田，古法也。后稷始甽田，以二耜爲耦，廣尺深尺，甽長終畝，一畝三甽，一夫三百甽，而播種於三甽中。

(二)仝上

理民之道，地著爲本，故必建步立畝，正其經界。六尺爲步，步百爲畝，畝百爲夫，夫三爲屋，屋三爲井，井方一里。

(三)徐光啓農政全書

古者耜一金，兩人並發之。其壟中曰畝，畝上曰伐。伐之言發也。甽與伐，高深廣各一尺。一畝之中，三甽三伐，廣六尺，長百尺，以此計畝，故曰終畝，曰覺畝。鄭注，畝方百里者，非也。

(四)晉書四七傅玄傳

古以步百爲畝，今以二百四十步爲一畝，所覺過倍。近魏初課田，不務多其頃畝，但務修其功力，故白田收至十餘斛，水田收數十斛。自頃以來，日增田頃畝之課，而田兵益甚，功不能修理，至畝數斛已還，或不足以償種。

(丙)

下引各節，應如何會通。盼精心探討，試予說明。

(一)資治通鑑一一四記天賜三年(406 *A.D.*)北魏地方官制

諸州置三刺史，郡置三太守，縣置三令長。刺史令長各之州縣，太守雖置而未臨民。

(二)魏書四三房法壽傳記皇興元年(467 *A.D.*)之邊防官制

詔以法壽爲平遠將軍，與韓麒麟對爲冀州刺史，督上租糧。以法壽從父弟靈民爲清河太守，思順爲濟南太守，靈悅爲平原太守，伯憐爲廣川太守，叔玉爲高陽太守，……以安初附。

(三)同上五〇尉元傳記皇興元年之邊防官制

天安元年，薛安都以徐州內附，請師救援，顯祖以元爲使持節都督東道諸軍事。……劉彧兗州刺史畢敬衆……歸款，元并納之。……安都出城見元，元依朝旨，授其徐州刺史。……劉彧東徐州刺史張讜據團城，徐州刺史王玄載守下邳，……元遣慰喻張讜，……於是遣南中郎將中書侍郎高閭領騎一千，與張讜對爲東徐州刺史，中書侍郎李璨與畢衆敬對爲東兗州刺史，以安初附。拜元都督徐南北兗州諸軍事鎮東大將軍開府徐州刺史淮陽公。

(四)同上五四高閭傳記皇興元年之邊防官制

加前中郎將，與鎮南大將軍尉元，南赴徐州。閭先入彭城，收管籥。元表閭以本官領東徐州刺史，與張讜對鎮團城。

（五）宋書八八薛安都傳記都統之制

由是爲僞雍秦二州都統，州各有刺史，都統總其事。

（六）魏書紀四太延元年（435 *A.D.*）詔

若有發調，縣宰集鄉邑三老，計貲定課，裒多益寡，九品混通。不得縱富督貧，避彊侵弱。太守覆檢能否，核其殿最，列言屬州刺史。

（七）同上紀七上延興五年（475 *A.D.*）詔

天下賦調，縣專督集，牧守對檢送京師，違者免所居官。

實習題十二　史料綜合(二)

注意：史料綜合之範圍甚廣，自歷史通論史篇編撰，以至歷史上一事一物中聯念之構成均屬之。今茲實習，以限於時間與設備，不免過於偏狹，作者應予注意，俾能舉一反三。

(甲)推求同光維新之原因。

(乙)推求維新人物之見解與知識。

(丙)推求維新政績不良之原因。

(丁)若身處其境而地位同于曾李，維新事業應如何籌畫并推行。

(壹)維新事業

(一)咸豐十一年　恭親王及文祥聘請外國軍官，訓練新軍於天津。

同年　恭親王文祥立同文館於北京。

同年　恭親王文祥託買炮艦，并聘英人來華創新水師。

同治二年　李鴻章設外國語文學校于上海。

同治四年　曾國藩李鴻章設江南機器製造局，附設譯書局。

同治五年　左宗棠設船廠于福州，附設船政學堂。

同治九年　李鴻章設製造局于天津。

同治十一年　挑選學生，赴美留學。

同年　李鴻章設輪船招商局。

光緒元年　李籌辦鉄甲兵船。

光緒二年　李派下級軍官赴德學陸軍。又派船政學生赴英法學造船及駕駛。

光緒四年　左宗棠設甘肅製呢總局。

光緒六年　李設水師學堂於天津。設電報局，並請建鐵道。

光緒七年　李設開平礦務局。

光緒八年　李築旅順軍港，創上海機器織布廠。

光緒十一年　李設天津武備學堂。

光緒十三年　李辦黑龍江漠河金礦。

光緒十四年　李成立北洋海軍。

(貳)講求西學

(二)李文忠公奏稿三同治二年正月奏

竊臣前准總理衙門來咨，遵議設立學習外國語言文字學館爲同文館等因。伏維中國與洋人交接，必先通其志，達其欲，周知其虛實誠僞，而後有稱物平施之效。互市二十年來，彼酋之習我語言文字者不少，……中國能通洋語者，僅恃通事。凡關局軍營交涉事務，無非雇覓通事，往來傳話，而其人遂爲洋務之大害。……臣愚擬請仿照同文館之例，於上海添設外國語言文字學館。……彼西人所擅長者測算之學，格物之理，製器尙象之法，無不專精務實，泐有成書，經譯者十纔一二，必能盡閱其未譯之書，方可探頤索隱，由粗顯而入精微。我中華智巧聰明，豈出西人之下，果有精熟西文，轉相傳習，一切輪船火器等巧技，當可由漸通曉。于中國自強之道，似有裨助。……

(三)夷務始末卷四六恭親王同治五年十二月奏

臣等前因製造機器，必須講求天文算學，於同文館內添設一館等因，……伏查此次招考天文算學之議，并非矜奇好異，震于西人術數之學也。蓋以西人製器之法，無不由度數而生。……論者不察，必有以臣等此舉爲不急之務者，必有以舍中法而從西人爲非者。……或謂製造乃工匠之事，儒者不屑爲之。……

(四)李文忠公譯署函稿一曾國藩函(同治十年五月)

去年國藩在津門，丁雨生中丞，屢來商榷，擬選聰穎幼童，送赴泰西各國書院學習軍政船政步算製造諸學，約計十餘年，業成而歸，使西人擅長之技，中國皆能諳習，然後可以漸圖自強。……國藩深韙其言。……竊謂自斌君椿及志孫兩君奉命遊歷各國，於海外情形，已窺其要領，如輿圖算法步天測海造船製器等事，無一不與用兵相表裏。……今設局製造，開館教習，所以圖振奮之基也。遠適肄業，集思廣益，所以收久大之效也。……

(叁)軍需工業

(五)咸豐朝東華錄四年七月上諭

茲據駱秉章等奏稱，水師克復岳州，湖南賊艐，全數殄滅。曾國藩即日統師東下江西攻勦，必須洋礮陸續接濟。廣東先後所解之礮，俱甚得力，惟見止解到六百尊，實屬不敷分配，自應由粵省續行解往，以資攻勦。

(六)仝上十一年五月上諭

東南賊勢蔓延，果能購買外洋船礮勦賊，必能得力。

(七)同治朝東華錄元年九月上諭

購買外國船礮，近以勦辦髮逆，遠以巡哨重洋，實長駕遠馭，第一要務。

(八)仝上二年五月上諭

中國自備火輪兵船，將抵海口。……此項輪船，見在自以先勦金陵等處髮逆爲要。賊平之後，即可以爲巡緝私販之用。

(九)夷務始末七二恭親王等咸豐十年十二月奏

竊臣等酌議大局章程六項，其要在於審敵防邊，以弭後患。然治其標而未探其源也。探源之策，在於自強，自強之術，必先練兵。……查八旗禁軍，素稱驍勇，近來攻勦，未能得力，非兵力之不可用，實膽識之未優。若能添習武器，操演技藝，訓練純熟，則器利兵精，臨陣自不虞潰散。……

(十)仝上卷二一曾國藩同治二年秋

購洋船之議，始於咸豐十一年五月之杪，國藩于七月十八日覆奏稱，爲救時第一要務。蓋不重在勦辦髮逆，而重在陸續購買，據爲己有。在中華則見慣而不驚，在英法亦漸失其所恃。……

(十一)仝上卷二五恭親王同治三年四月奏

現在江浙尚在用兵，託名學製以勦賊，亦可不露痕跡，此誠不可失之機會也。若于賊平之後，始籌學製，則洋匠必貪重值而肯來，洋官必疑忌而阻撓。……朝夕講求，務得西人之祕，如此則禦侮有所憑藉。庶國威自振，安內攘外之道，不外是矣。

(肆)運輸工具

(土)李文忠公奏議光緒八年三月奏請試辦織布局

臣查該御史(曹秉哲)原奏內稱，方今之務，以海防為最要。泰西各國，凡織布疋製軍械造船艦，皆用機器，故日臻富強等語。所論均屬切要。查進口洋貨，以洋布為大宗，近年各口銷數至二千二三百萬餘兩。洋布為日用所必需，其價又較土布為廉，民間爭相購用，而中國銀錢耗入外洋者，實已不少。……

(主)左襄公奏稿卷十八同治五年五月奏

竊維東南水利，在水而不在陸。……無事之時，以之籌轉漕，則千里猶在戶庭，以之籌懋遷，則百貨萃諸廛肆。……有事之時，以之籌調發，則百粵之旅，可集三韓。以之籌轉輸，則七省之儲，可通一水。……目前江浙海運，即有無船之慮，而漕政益難措手，是非設局，急造輪船不為功。……

(伍)西學為用

(古)夷務始末二五同治三年春李鴻章奏

鴻章竊以為天下事，窮則變，變則通。中國士大夫沈浸于章句小楷之積習，武夫悍卒又多粗蠢而不加細心，大致所用非所學，所學非所用。……中國文武制度，事事往出西人之上，獨火器萬不能及。……中國欲自強，則莫如學習外國利器，欲學習外國利器，則莫如覓製器之器，師其法而不盡用其人。欲覓製器之器與製器之人，則或專設一科取士，士終身懸以為富貴功名之鵠，則業可成藝可精，而才亦可集。

(壹)左文襄公奏稿一八同治五年五月奏

中國之睿知運於虛，外國之聰明寄於實。中國以義理為本，藝事為末。外國以藝事為重，義理為輕。（按張之洞亦有中學為體西學為用之說）。

(陸)技藝貿末

(六)夷務始末四七同治六年二月倭仁奏

竊見立國之道，尚禮義不尚權謀，根本之圖，在人心不在技藝。今求一藝之末，而又奉夷人為師。……今復舉聰明儁秀，國家所儲養，而備以有用者，變而從夷。正氣為之不伸，邪氛因而彌熾。……

(七)夷務始末四八同治六年三月恭親王等奏

今閱倭仁所奏，似以此舉斷不可行。該大學士久著理學盛名，此論出，從而附和之者必衆。……不特學者從此裹足不前，尤恐中外實心任事不尚空言者，亦將為之心灰而氣沮。則臣等與各疆臣謀之數載者，勢且隳之崇朝，所繫實非淺鮮。……

(柒)旁觀與偷安

(六)夷務始末四八同治六年三月恭親王等奏

左宗棠創造輪船各廠，以為創議者一人，任事者一人，旁觀者一人。事敗垂成，公私均害。李鴻章置辦機器各局，以爲無事則嗤外國之利器爲奇技淫巧，以爲不必學，有事則驚外國之利器，變怪神奇，以爲不能學。并引宋臣蘇軾之言，以爲言之於無事之時，足以有爲，而恆苦于不信。言之于有事之時，可以見信，而已苦於不及。……

實習題十三　史篇編撰(一)

注意：史篇編撰之範圍甚廣，由修詞鍊句布局立意，以及編撰體裁書寫格式等，均屬之。其中可用以實習之問題亦多，然限於時間與設備，難於列舉，望習作時精心推考，俾收逐類旁通之效。

(甲)

下引「逸馬書事」一節，何者為妥，有無其他更好書法。

(一)宋畢仲詢幕府燕閑錄

歐陽文忠在翰林日，嘗與同院出遊，有奔馬斃犬於前。文忠顧曰：試書其事。同院曰：有犬臥於通衢，逸馬蹄而殺之。文忠曰：使子修史，萬卷未已也。曰：內翰以為何如。文忠曰：逸馬殺犬於道。

(乙)

人謂新唐書「敍事好簡略，其詞簡故其事多鬱而不明」，此言是否可信？

(一)新唐書一一五狄仁傑傳

會后欲以武三思為太子，以問宰相，衆莫敢對。仁傑曰：……今欲繼統，非廬陵王莫可。后怒罷議。久之召謂曰：朕數夢雙陸不勝，何也？於是仁傑與王方慶俱在，同辭對曰：雙陸不勝，無子也，天其意者以儆陛下乎。且太子天下本，本一搖天下危矣。

(二)李肇唐國史補

今之博戲，有長行最盛。其具有局有子，子黑黃各十五，擲采之骰有二，其法生於握槊，變於雙陸。天后常夢雙陸不勝，狄梁公言宮中無子是也。

(三)宋張淏雲谷雜記引雙陸譜云

雙陸局率以六為限，其法左右皆十二路號曰梁。白黑各十五馬，用骰子二，各以其采行。白馬自右歸左，黑馬自左歸右，以前一梁為門，後一梁為宮。馬歸梁謂之入宮。

(丙)

比較下引三段措詞之正確程度，與保存史料之眞實程度。並盼以己意，另予修撰。

(一)新唐書一二〇張柬之傳

長安中，武后謂狄仁傑曰：安得一奇士用之。仁傑曰：陛下求文章資歷，今宰相李嶠蘇味道足矣，豈文士齷齪不足與成天下務哉？后曰：然。仁傑曰：荊州長史張柬之，雖老，宰相材也。用之，必盡節於國。

(二)舊唐書八九狄仁傑傳

初則天嘗問仁傑曰：朕要一好漢任使有乎？仁傑曰：陛下作何任使？則天曰：朕欲待以將相。對曰：臣料陛下若求文章資歷，則今之宰相李嶠蘇味道亦足為文吏矣，豈非文士齷齪，思得奇才用之，以成天下之務者乎？則天悅曰：此朕心也。仁傑曰：荊州長史張柬之，其人雖老，眞宰相才也。且久不遇，若用之，必盡節於國家矣。

(三)資治通鑑二〇七唐紀久視元年

太后嘗問仁傑，朕欲得一佳士用之，誰可者？仁傑曰：未審陛下欲何所用之？太后曰：欲用爲將相。仁傑對曰：文學蘊藉，則蘇味道李嶠固其選矣。必欲取卓犖奇才，則有荆州長史張柬之。其人雖老，宰相才也。

(丁)

比較下引史記漢書之立意與修詞，並說明何者最爲生動暢達？

(一)史記九二淮陰侯列傳

淮陰侯韓信者，淮陰人也。始爲布衣時，貧無行，不得推擇爲吏，又不能治生商賈。常從人寄食飲，人多厭之者。常數從其下鄉南昌亭寄食，數月亭長妻患之，乃晨炊蓐食，食時信往，不爲具食。信亦知其意，怒，竟絕去。信釣於城下，諸母漂，有一母見信飢，飯信，竟漂數十日。信喜，謂漂母曰：吾必有以重報母。母怒曰：大丈夫不能自食，吾哀王孫而進食，豈望報乎！淮陰屠中少年，有侮信者曰，若雖長大，好帶刀劍，中情怯耳。衆辱之曰，信能死刺我，不能死出我袴下。於是信孰視之，俛出袴下蒲伏，一市人皆笑，信以爲怯。及項梁渡淮，信仗劍從之，居戲下，無所知名。項梁敗，又屬項羽。羽以爲郎中，數以策干羽，羽不用。漢王之入蜀，信亡楚歸漢，未得知名。爲連敖，坐法當斬。其輩十三人皆已斬，次至信，信乃仰視，適見滕公，曰：上不欲就天下乎？何爲斬壯士！滕公奇其言，壯其貌，釋而不斬。與語，大悅之。言於上，上拜以爲治粟都尉。

（二）前漢書三四韓彭英盧吳列傳

韓信，淮陰人也。家貧無行，不得推擇爲吏，又不能治生爲商賈。常從人寄食。其母死，無以葬，迺行營高燥地，令傍可置萬家者。信從下鄉南昌亭長食，亭長妻苦之，迺晨炊蓐食，食時信往，不爲具食。信亦知其意，自絕去。至城下釣，有一漂母哀之，飯信，竟漂數十日。信謂漂母曰：吾必重報母，母怒曰：大丈夫不能自食，吾哀王孫而進食，豈望報乎。淮陰少年又侮信，曰，雖長大好帶刀劍，怯耳。衆辱信曰：能死刺我，不能出跨下。於是信孰視，俛出跨下，一市皆笑，信以爲怯。及項梁度淮，信乃杖劍從之，居戲下，無所知名。梁敗，又屬項羽爲郎中。信數以策干項羽，羽弗用。漢王之入蜀，信亡楚歸漢，未得知名，爲連敖，坐法當斬。其疇十三人皆已斬，至信，信乃仰視，適見滕公曰：上不欲就天下乎？而斬壯士！滕公奇其言，壯其貌，釋勿斬。與語，大說之。言於漢王，漢王以爲治粟都尉。

（戊）

宋祁宋景文筆記云：「余修唐書，未嘗得唐人一詔一令可載傳者。唯捨對偶之文，近高古者乃可著於篇。大抵史近古對偶宜今，以對偶之文入史策，如粉黛飾壯士，笙匏佐鼙鼓，非所施云」。其書是否合乎修史原則，試就下引二段說明其理由，並比較下引新舊唐書之優劣。

(一)新唐書一一五狄仁傑傳

突厥入趙定，殺掠甚衆，詔仁傑爲河北道行軍元帥，假以便宜。突厥盡殺所得男女萬計，由五回道去。仁傑追不能逮，更拜河北安撫大使。時民多脅從於賊，賊已去，懼誅逃匿。仁傑上疏曰：議者以爲虜人寇，始明人之逆順，或迫脅，或願從。或受僞官，或爲招慰。誠以山東之人重氣，一往死不爲悔。比緣軍興，調發煩重，傷破家產，剔屋賣田，人不爲售。又官吏侵漁，州縣科役，督趣鞭笞，情危事迫，不循禮義，投跡犬羊，以圖賒死，此君子所愧，而小人之常。民猶水也，壅則爲淵，疏則爲川，通塞隨流，豈有常性。昔董卓之亂，神器播越，卓已誅禽，部曲無赦。故事窮變生，流毒京室，此由恩不溥洽，失在機先。今負罪之伍，潛竄山澤，赦之則出，不赦則狂，山東羣盜，緣茲聚結。故臣以爲邊鄙暫警不足憂，中土不寧可爲慮也。夫持大國者，不可以小治，事廣者不可以細分，人主所務，弗檢常法。願曲赦河北，一不問罪。詔可。

(二)舊唐書八九狄仁傑傳

聖曆初，突厥侵掠趙定等州，命仁傑爲河北道元帥，以便宜從事。突厥盡殺所掠男女萬餘人，從五迴道而去。仁傑總兵十萬，追之不及，便制仁傑河北道安撫大使。時河朔人庶，多爲突厥逼脅，賊退後懼誅，又多逃匿。仁傑上疏曰：臣聞朝廷議者，以爲契丹作梗，始明人之逆順。或因迫脅，或有願從，或受僞官，或爲招慰，或兼外賊，或是土人，跡雖不同，心則無別。誠以山東雄猛，由來重氣，一顧之勢，至死不回。近緣軍機，調發重傷，家道悉破，或至逃亡。剔屋賣田，人不爲售，內顧生計，四壁皆空。重以官典侵漁，因事而起，取其髓腦，曾無心愧。修築池城，繕造甲兵，州縣役使，十倍軍機。官司不矜，期之必取，枷杖之下，痛切肌膚。事迫情危，不循禮義，愁苦之地，不樂其生，有利則歸，且圖賒死，此乃君子之愧辱，小人之常行。人猶水也，壅之則爲泉，疏之則爲川，通塞隨流，豈有常性。昔董卓之亂，神器播遷，及卓被誅，部曲無赦，事窮變起，毒害生人，京室丘墟，化爲禾黍。此由恩不普洽，失在機先。臣一讀此書，未嘗不廢卷嘆息。今以負罪之伍，必不在家，露宿草行，潛竄山澤。赦之則出，不赦則狂，山東羣盜，緣茲聚結。臣以邊塵暫起，不足爲憂，中土不安，以此爲慮。臣聞持大國者不可以小道理，事廣者不可以細分，人主恢弘，不拘常法。罪之則衆情恐懼、恕之則反側自安。伏願曲赦河北諸州，一無所問，自然人神道暢，率土歡心，諸軍凱旋，得無侵擾。制從之。

實習題十四　史篇編撰(二)

注意：上一習題，偏重史學批評方面。今茲實習，仍難超出此範圍之外。希望從客觀批評中，獲得史篇編撰之若干知識。至於具體習作，題材選擇綦難，苟許自由撰述，不加限制，必致專弄文筆，於史學終無裨益。

(甲)

司馬遷班固撰司馬相如傳，於卓文君私奔，均極盡描寫之能事。究之，卓文君私奔一事，自漢史及本傳言之，其史料價值，是否極高，盼詳加述說。又遷固作傳，措詞頗多異同，試就下引二段，予以比較，而評其優劣。

(一)史記一一七司馬相如列傳

司馬相如者，蜀郡成都人也，字長卿。少時好讀書，學擊劍，故其親名之曰犬子。相如既學，慕藺相如之爲人，更名相如。以貲爲郎，事孝景帝爲武騎常侍，非其好也。會景帝不好辭賦，是時梁孝王來朝，從游說之士，齊人鄒陽淮陰枚乘吳莊忌夫子之徒，相如見而說之。因病免，客游梁，梁孝王令與諸生同舍，相如得與諸生游士居。數歲，乃著子虛之賦。會梁孝王卒，相如歸，而家貧無以自業。素與臨邛令王吉相善，吉曰：長卿久宦遊不遂，而來過我。於是相如往舍都亭。臨邛令繆爲恭敬，日往朝相如，相如初尚見之，後稱病，使從者謝吉，吉愈益謹肅。臨邛中多富人，而卓王孫家僮八百人，程鄭亦數百人，二人乃相謂曰：令有貴客，爲具召之，并召令。令既至，卓氏客以百數，至日中，謁司馬長卿，長卿謝病不能往，臨邛令不敢嘗食，自往迎相如，相如不得已彊往，一坐盡傾。酒酣，臨邛令前奏琴曰：竊聞長卿好之，願以自娛，相如辭謝，爲鼓一再行。是時卓王孫有女文君新寡，好音，故相如繆與令相重，而以琴心挑之。相如之臨邛，從車騎雍容閒雅甚都。及飲卓氏，弄琴，文君竊從戶窺之，心悅而好之，恐不得當也。既罷，相如乃使人重賜文君侍者通殷勤。文君夜亡奔相如，相如乃與馳歸，家居徒四壁立。卓王孫大怒曰：女至不材，我不忍殺，不分一錢也。人或謂王孫，王孫終不聽，文君久之，不樂曰：長卿第俱如臨邛，從昆弟假貸，猶足爲生，何至自苦如此。相如與俱之臨邛，盡賣其車騎，買一酒舍酤酒，而令文君當鑪。相如身自著犢鼻褌，與保庸雜作，滌器於市中。卓王孫聞而恥之，爲杜門不出。昆弟諸公更謂王孫曰：有一男兩女，所不足者非財也。今文君已失身於司馬長卿，長卿故倦游，雖貧，其人材足依也。且又令客，獨奈何相辱如此。卓王孫不得已，分與文君僮百人，錢百萬，及其嫁時衣被財物。文君乃與相如歸成都，買田宅，爲富人。

(二)前漢書五七司馬相如傳

司馬相如字長卿，蜀郡成都人也。少時好讀書，學擊劍，名犬子。相如既學，慕藺相如之爲人也，更名相如。以訾爲郎，事孝景帝爲武騎常侍，非其好也。會景帝不好辭賦，是時梁孝王來朝，從游說之士，齊人鄒陽淮陰枚乘吳嚴忌夫子之徒，相如見而說之。因病免，客游梁，得與諸侯游士居，數歲乃著子虛之賦。會梁孝王薨，相如歸，而家貧無以自業。素與臨邛令王吉相善，吉曰：長卿久宦游不遂，而困來過我。於是相如往舍都亭，臨邛令繆爲恭敬，日往朝相如，相如初尚見之，後稱病，使從者謝吉，吉愈益謹肅。臨邛多富人，卓王孫僮客八百人，程鄭亦數百人，乃相謂曰：令有貴客，爲具召之，并召令。令既至，卓氏客以百數，至日中，請司馬長卿。長卿謝病不能臨，臨邛令不敢嘗食，身自迎相如，相如爲不得已而强往，一坐盡傾。酒酣，臨邛令前奏琴曰：竊聞長卿好之，願以自娛。相如辭謝，爲鼓一再行。是時卓王孫有女文君，新寡，好音，故相如繆與令相重，而以琴心挑之。相如時從車騎雍容閒雅甚都，及飲卓氏弄琴，文君竊從戶窺，心說而好之，恐不得當也。既罷，相如乃令侍人重賜文君侍者通殷勤，文君夜亡奔相如，相如與馳歸成都，家徒四壁立。卓王孫大怒曰：女不材，我不忍殺，一錢不分也。人或謂王孫，王孫終不聽。文君久之，不樂，謂長卿曰：弟俱如臨邛，從昆弟假貸，猶足以爲生，何至自苦如此。相如與俱之臨邛，盡賣車騎買酒舍，乃令文君當壚。相如身著犢鼻褌，與庸保雜作，滌器於市中。卓王孫恥之，爲杜門不出。昆弟諸公更謂王孫曰：有一男兩女，所不足者非財也。今文君既失身於司馬長卿，長卿故倦游，雖貧，其人材足依也。且又令客，奈何相辱如此。卓王孫不得已，分與文君僮百人，錢百萬，及其嫁時衣被財物。文君乃與相如歸成都，買田宅，爲富人。

(乙)

史記與漢書中之蕭何傳，所載蕭何事蹟略有不同。試就下引二段指出二傳取材不同之處，並評論其得失，俾明史料取捨之關鍵所在。

(一)史記五十三蕭相國世家

蕭相國何者，沛豐人也。以文無害爲沛主吏掾，高祖爲布衣時，何數以吏事護高祖。高祖爲亭長常左右之。高祖以吏繇咸陽，吏皆送奉錢三，何獨以五。秦御史監郡者與從事，常辨之。何乃給泗水卒史，事第一，秦御史欲入言，徵何，何固請，得毋行。及高祖起爲沛公，何常爲丞督事。沛公至咸陽，諸將皆爭走金帛財物之府分之，何獨先入收秦丞相御史律令圖書藏之。沛公爲漢王，以何爲丞相。項王與諸侯屠燒咸陽而去，漢王所以具知天下阸塞戶口多少彊弱之處民所疾苦者，以何具得秦圖書也。何進言韓信，漢王以信爲大將軍，語在淮陰侯事中。漢王引兵東定三秦，何以丞相留，收巴蜀，填撫諭告，使給軍食。漢二年，漢王與諸侯擊楚，何守關中，侍太子，治櫟陽，爲法令約束，立宗廟社稷宮室縣邑，輒奏上可許以從事，即不及奏上，輒以便宜施行，上來以聞。(關中事)，計戶口，轉漕給軍。漢王數失軍遁去，何常興關中卒，輒補缺，上以此專屬任何關中事。漢三年，漢王與項羽相距京索之間，上數使使勞苦丞相。鮑生謂丞相曰：王暴衣露蓋，數使使勞苦君者，有疑君心也。爲君計，莫若遣君子孫昆弟能勝兵者悉詣軍所，上必益信君。於是何從其計，漢王大說。漢五年，既殺項羽，定天下，論功行封，羣臣爭功，歲餘功不決。高祖以蕭何功最盛，封爲酇侯，所食邑多。功臣皆曰：臣等身被堅執銳，多者百餘戰，少者數十合，攻城略地，大小各有差，今蕭何未嘗有汗馬之勞，徒持文墨議論，不戰，顧反居臣等上，何也？高帝曰：諸君知獵乎？曰，知之。知獵狗乎？曰，知之。高帝曰：夫獵，追殺獸兔者，狗也。而發蹤指示獸處者，人也。今諸君徒能得走獸耳，功狗也。至如蕭何發蹤指示，功人也。且諸君獨以身隨我，多者兩三人，今蕭何舉宗數十人皆隨我，功不可忘也。羣臣皆莫敢言。列侯畢已受封，及奏位次，皆曰平陽侯曹參身被七十創，攻城略地，功最多，宜第一。上已撓功臣，多封蕭何，至位次未有以復難之，然心欲何第一。關內侯鄂君進曰：羣臣議皆誤。夫曹參雖有野戰略地之功，此特一時之事。夫上與楚相距五歲，常失軍亡衆，逃身遁者數矣，然蕭何常從關中遣軍補其處，非上所詔令召，而數萬衆會上之乏絕者數矣。夫漢與楚相守滎陽，數年軍無見糧，蕭何轉漕關中，給食不乏。陛下雖數亡山東，蕭何常全關中以待陛下。此萬世之功也，今雖亡曹參等百數，何缺於漢，漢得之不必待以全，奈何欲以一旦之功，而加萬世之功哉。蕭何第一，曹參次之。高祖曰：善。於是乃令蕭何賜帶劍履上殿，入朝不趨。

(二)漢書三九蕭何曹參傳

蕭何沛人也，以文毋害爲沛主吏掾。高祖爲布衣時，數以吏事護高祖，高祖爲亭長，常佑之。高祖以吏繇咸陽，吏皆送奉錢三，何獨以五。秦御史監郡者與從事辨之，何迺給泗水卒史，事第一，秦御史欲入言徵何，何固請得毋行。及高祖起爲沛公，何嘗爲丞，督事。沛公至咸陽，諸將皆爭走金帛財物之府分之，何獨先入收秦丞相御史律令圖書藏之，沛公具知天下阸塞多少彊弱處民所疾苦者，以何得秦圖書也。初諸侯相與約先入關破秦者王其地，沛公既先定秦，項羽後至，欲攻沛公，沛公謝之得解。羽遂屠燒咸陽，與范增謀曰：巴蜀道險，秦之遷民皆居蜀，乃曰蜀漢亦關中地也，故立沛公爲漢王，而三分關中地王秦降將，以距漢王。漢王大怒，欲謀攻項羽，周勃灌嬰樊噲皆勸之，何諫之曰：雖王漢中之惡，不猶愈於死乎。漢王曰：何爲乃死也？何曰：今衆弗如，百戰百敗，不死何爲。周書曰：天予不取，反受其咎。語曰，天漢，其稱甚美。夫能詘於一人之下，而信於萬乘之上者，湯武是也。臣願大王王漢中，養其民以致賢人，收用巴蜀,還定三秦,天下可圖也。漢王曰善。乃遂就國，以何爲丞相。何進韓信，漢王以爲大將軍，說漢令引兵東定三秦，語在信傳。何以丞相留，收巴蜀，塡撫諭告，使給軍食。漢二年，漢王與諸侯擊楚，何守關中，侍太子，治櫟陽，爲令約束，立宗廟社稷宮室縣邑，輒奏上可許以從事，即不及奏，輒以便宜施行，上來以聞。計戶轉漕給軍。漢王數失軍遁去， 何常興關中卒輒補缺， 上以此剸屬任何關中事。 漢三年， 與項羽相距京索間， 上數使使勞苦丞相，鮑生謂何曰： 今王暴衣露蓋， 數勞苦君者， 有疑君心。 爲君計，莫若遣君子孫昆弟能勝兵者悉詣軍所，上益信君。於是何從其計，漢王大說。漢五年，已殺項羽，即皇帝位，論功行封，羣臣爭功，歲餘不決。上以何功最盛，先封爲酇侯，食邑八千戶，功臣皆曰：臣等身被堅執兵，多者百餘戰，少者數十合，攻城略地，大小各有差。今蕭何未有汗馬之勞，徒持文墨議論，不戰，顧居臣等上，何也？上曰：諸君知獵乎？曰，知之。知獵狗乎？曰，知之。上曰：夫獵追殺獸者狗也，而發縱指示獸處者，人也。今諸君徒能走得獸耳，功狗也。至如蕭何發縱指示，功人也。且諸君獨以身從我，多者三兩人，蕭何舉宗數十人皆隨我，功不可忘也。羣臣後皆莫敢言。列侯畢已受封，奏位次，皆曰：平陽侯曹參身被七十創，攻城略地，功最多，宜第一。上已撓功臣多封何，至位次未有以復難之，然心欲何第一。關內侯鄂秋時爲謁者，進曰：羣臣議皆誤，夫曹參雖有野戰略地之功，此特一時之事，夫上與楚相距五歲，失軍亡衆，跳身遯者數矣，然蕭何常從關中遣軍補其處，非上所詔令召，而數萬衆會上乏絕者數矣。夫漢與楚相守滎陽，數年軍無見糧，蕭何轉漕關中給食不乏。陛下雖數亡山東，蕭何常全關中待陛下，此萬世功也。今雖無曹參等百數，何缺於漢，漢得之不必待以全，奈何欲以一旦之功，而加萬世之功哉。蕭何當第一。曹參次之。上曰，善。於是乃令何第一。賜帶劍履上殿，入朝不趨。

(丙)

比較下引仲長統傳中事蹟之異同，並指出漢書所載之得失。

(一)後漢書四九仲長統傳

仲長統字公理，山陽高平人也。少好學，博涉書記，贍於文辭。年二十餘，游學青徐并冀之間，與交友者多異之。并州刺史高幹，袁紹甥也，素貴有名，招致四方遊士，士多歸附。統過幹，幹善待遇，訪以當時之事。統謂幹曰：君有雄志，而無雄才，好士而不能擇人，所以為君深戒也。幹雅自多，不納其言，統遂去之。無幾，幹以并州叛卒，至於敗，并冀之士，皆以是異統。統性俶儻，敢直言，不矜小節，默語無常，時人或謂之狂生。每州郡命召，輒稱疾不就。常以為凡遊帝王者，欲以立身揚名耳，而名不常存，人生易滅。優游偃仰，可以自娛，欲卜居清曠，以樂其志，論之曰：使居有良田美宅，背山臨流，溝池環市，竹木周布，場圃築前，果園樹後。舟車足以

代步涉之難 使令足以息四體之役 養親有兼珍之膳 妻孥無苦身之勞。良朋萃止，則陳酒肴以娛之，嘉時吉日，則烹羔豚以奉之。躕躇畦苑 遊戲平林，濯清水，追涼風，釣游鯉，弋高鴻。諷於舞雩之下，詠歸高堂之上，安神閨房，思老氏之玄虛，呼吸精和，求至人之仿佛。與達者數子，論道講書，俯仰二儀，錯綜人物，彈南風之雅操，發清商之妙曲，逍遙一世之上，睥睨天地之間，不受當時之責，永保性命之期。如是則可以陵霄漢，出宇宙之外矣，豈羨夫入帝王之門哉。又作詩二篇以見其志，辭曰：飛鳥遺跡，蟬蛻亡殼，騰蛇棄鱗，神龍喪角。至人能變，達士拔俗，乘雲無轡 騁風無足，垂露成幃，張霄成幄，沆瀣當餐，九陽代燭，恆星艷珠，朝霞潤玉。六合之內，恣心所欲，人事可遺，何為局促。天道雖夷，見幾者寡，任意無非，適物無可。古來繞繞，委曲如瑣，百慮何為，至要在我。寄愁天上，埋憂地下，叛散五經，滅棄風雅。百家雜碎，請用從火。抗志山西，游心海左，元氣為舟，微風為柂，敖翔太清，縱意容冶。尚書令荀彧聞統名，奇之，舉為尚書郎，後參丞相曹操軍事。每論說古今及時俗行事，恆發憤歎息，因著論名曰昌言，凡二十四篇，十餘萬言。獻帝遜位之歲，統卒，年四十一。友人東海繆襲，常稱統才章，足繼西京董賈劉楊，今簡撮其書有益政者 略載之云。

(二)三國志二一劉劭傳注引繆襲撰統昌言表

統字公理，少好學，博涉書記，贍於文辭。年二十餘游學青徐幷冀之閒，與交者多異之。幷州刺史高幹，素貴有名，招致四方游士，多歸焉。統過幹，幹善待遇之，訪以世事。統語幹曰：君有雄志而無雄才，好士而不能擇人，所以爲君深戒也。幹雅自多，不納統言，統去之。無幾，而幹敗，幷冀之士，以是識統。大司農常林與統共在上黨，爲臣道，統性倜儻敢直言，不矜小節，每列郡命召，輒稱疾不就。默語無常，時人或謂之狂漢。帝在許，尚書令荀彧領典樞機，好士愛奇，聞統名，啓召以爲尚書郎。後參太祖軍事，復還爲郎。延康元年卒，時年四十餘。統論說古今世俗行事，發憤歎息，輒以爲論，名曰昌言，凡二十四篇。

(丁)

狄仁傑薦張柬之於武后一事，舊唐書列之狄仁傑傳，新唐書則列之張柬之傳，究以何者爲妥。

(一)新唐書一二〇張柬之傳

仁傑曰：荊州長史張柬之，雖老，宰相才也，用之必盡節於國。即召爲洛州司馬。它日又求人，仁傑曰：臣嘗薦張柬之，未用也。后曰：遷之矣。曰：臣薦宰相，而爲司馬，非用也。乃授司刑少卿，遷秋官侍郎。後姚崇爲靈武軍使，將行，詔舉外司可爲相者。崇曰：張柬之沈厚有謀，能斷大事，其人老，唯亟用之。即日召見，拜同鳳閣鸞臺平章事，遷鳳閣侍郎。……

(二)舊唐書九一張柬之傳

時夏官尚書姚崇爲靈武軍使，將行，則天令舉外司堪爲宰相者。崇對曰：張柬之沈厚有謀，能斷大事，且其人年老，惟陛下急用之。則天登時召見，尋同鳳閣鸞臺平章事，未幾遷鳳閣侍郎仍知政事。及誅張易之兄弟，柬之首謀其事。中宗卽位，以功擢拜天官尚書鳳閣鸞臺三品，封漢陽郡公，食實封五百戶。未幾，遷中書令，監修國史。月餘進封漢陽郡王，加授特進。

(三)新唐書一一五狄仁傑傳贊

武后乘唐中衰，操殺生柄，劫制天下，而攘神器。仁傑蒙恥奮忠，以權大謀，引張柬之等，卒復唐室。功蓋一時，人不及知，故唐呂溫頌之曰：取日虞淵，洗光咸池，潛授五龍，夾之以飛。世以爲名言。

(四)舊唐書八九狄仁傑傳贊

犯顏忤旨，返政扶危，是人難事，狄能有之。終替武氏，克復唐基，功之莫大，人無以師。

實習題十五　綜合複習(一)

注意：綜合複習，仍不出史料來源研究與正誤辨僞以及史實綜合諸大端。今茲目的，在於聯合運用，亦盼於熟能生巧之中，得收詳確無訛之效。

(甲)

就下列材料略論管子一書之作者與其時代

(一)管子

立政第四——寢兵之說勝，則險阻不守。兼愛之說勝，則士卒不戰。全生之說勝，則廉恥不立。

法法第十六——凡人君之所以爲君者勢也，故人君失勢，則臣制之矣。勢在下，則君制于臣矣。……故春秋之記，臣有弑其君，子有弑其父者矣。

戒第二十六——桓公將東游，問于管仲曰：我游猶軸轉斛，南至琅邪。司馬曰：亦先王之游已。何謂也？管仲對曰：先王之游也，春出原農事之不本者謂之游，秋出補人之不足者謂之夕。夫師行而糧食其民者謂之亡，從樂而不反者謂之荒。先王有游夕之業於民，無荒亡之行於身。

小稱第三十二——管仲有病，桓公往問之。……管仲死，已葬。……

地員第五十八——夫管仲之匡天下也，其施七尺，瀆田悉徙，五種無不宜。……

(二)有關材料

孟子滕文公章下——世衰道微，邪說暴行有作，臣弑其君者有之，子弑其父者有之。孔子懼，作春秋。春秋，天子之事也。是故孔子曰：知我者其惟春秋乎！罪我者其惟春秋乎！

孟子梁惠王章上——昔者齊景公問於晏子曰：吾欲觀于轉附朝舞，遵海而南，放於琅琊，吾何修而可以比於先王觀也？晏子對曰：善哉！問也。天子適諸侯曰巡狩，……春省耕而補不足，秋省斂而助不給。……今也不然，師行而糧食，飢者弗食，勞者勿息，……流連荒亡，爲諸侯憂。從流下而忘反謂之流，從流上而忘返謂之連，從獸無厭謂之荒，樂酒無厭謂之亡。先王無流連之樂，荒亡之行，惟君所行也。……

莊子天下篇——不侈於後世，不靡於萬物，不暉於度數，以繩墨自矯，而備世之急。古之道術有在於是者，墨翟禽滑釐聞其風而說之。爲之大過，已之大順，作爲非樂，命之曰節用，生不歌，死無服。墨子氾愛兼利而非鬥。……宋鈃尹文……禁攻寢兵，救世之戰。……

荀子非十二子篇——縱性情，安恣睢，禽獸之行，不足以合文通治，……是它囂魏牟也。

孟子盡心章上……孟子曰：楊子取爲我，拔一毛而利天下不爲也。墨子兼愛，摩頂放踵，利天下爲之。……

(乙)

齊民要術校字

(一)齊民要術種穀第三

氾勝之書區種法曰：湯有旱災，伊尹作爲區田，教民糞種，負水澆稼。區田以糞爲美，非必須良田也。諸山陵近邑高危傾阪，及丘城上，皆可爲區田。區田不耕旁地，庶盡地力。凡區種不先治地，便荒地爲之。以畝爲率，令一畝之地，長十八丈，廣四丈八赤。當橫分十八丈作十五町。町間分爲十四道以通人行。道一赤五寸，町皆廣一尺五寸，長四丈八赤。赤直橫鑿町作溝，溝一赤，深一赤。積穰於溝間，相去亦一赤。嘗悉以一赤地積穰，不相受，令弘作二赤地，以積穰。種禾黍於溝間，夾溝爲二行，去溝兩邊各二寸半，中央相去五寸，旁行相去亦五寸。一溝容四十四株，一畝合萬五千七百五十株。種禾黍令上有一寸土，不可令過一寸，亦不可令減一寸。凡區種麥，令相去二寸一行，一溝容五十二株，一畝凡四萬五千五百五十株。麥上土令厚二寸。凡區種大豆，令相去一赤二寸，一溝九株，一畝凡六千四百株。……上農夫區，方深各六寸，間相去九寸，一畝三千七百區，一日作千區，種粟二十粒，美糞一升，合土和之，畝用種二升。秋收區別三升粟，畝收百斛。……中農夫區，方七寸，深六寸，相去二赤，一畝千二十七區，用種一升，收粟五十一石，一日作三百區。下農夫區，方九寸，深六寸，相去二赤，一畝五百六十七區，用種六升，收二十八石，一日作二百區。

(二)溝計算法

(1) 町廣　一畝分爲十五町，每町十二尺，除道一尺五寸外合爲一丈五寸

(2) 禾黍株數　一溝容四十四株，按每株相去五寸，兩旁不空，適得二十二株，兩行共四十四株。今共十五町，町廿四溝，株數應爲：44×42×15＝15840 株。

(3) 麥溝數　每株相去二寸，則一丈五寸中，可種五十二株。今町數與株數爲已知，則求溝數應如下式：52×15＝780 45550÷780＝58 溝

(4) 大豆溝數　與上法同，

9×15＝135　　6480÷135＝48 溝

(丙)

釋唐高祖鑄錢用字之原義

(一)通鑑釋文云

錢文曰開元通寶，歐陽詢撰并書，其文迴環可讀。

(二)唐大詔令二代宗即位赦

開元乾元等錢，并須準一文用，不宜以虛數計。

(三)仝上一一二用舊錢詔

高祖撥亂反正，爰創軌模。太宗立極承天，無所改作。今廢舊造新，恐乖先旨。其開元泉貨，宜依舊施行。

（四）同上睿宗巡邊詔

我皇家開元首出，十代重光。

（五）海錄碎事一五引西京記

唐王元寶富厚，以錢文如其名，因謂錢為王老。

（六）王觀國學林新編

宋通元寶，皇宋元寶，非年號者。宋通乃開寶時所鑄，皇宋乃寶元時所鑄。

實習題十六　綜合複習(二)

注意：此習題較爲艱深，習作時多加思考，自易尋求其關鍵所在。凡此均爲研究歷史之最饒興趣處，更當努力爲之。

(甲)

解釋左傳與國語異詞之原因

(一)國語魯語記魯用田賦

季康子欲以田賦，使冉有訪諸仲尼。仲尼不對，私於冉有曰：求，來！汝不聞乎？先王制土，籍田以力，而砥其遠邇，賦里以入，而量其有無，任力以夫，而議其老幼，於是乎有鰥寡孤疾。有軍旅之出則徵之，無則已。其歲收，田一井，出稯禾秉芻缶米，不是過也，先王以爲足。若子季孫，欲其法也，則有周公之籍矣。若欲犯法，則苟而賦，又何訪焉。

(二)左傳哀公十二年記魯用田賦

季孫欲以田賦，使冉有訪諸仲尼。仲尼曰：丘不識也。三發，子爲國老，待子而行，若之何子之不言也。仲尼不對，而私於冉有曰：君子之行也，度於禮。施取其厚，事舉其中，斂從其薄，如是則以丘亦足矣。若不度於禮，而貪欲無厭，則雖以田賦，將又不足。且子季孫，若欲行而法，則周公之典在，若欲苟而行，又何訪焉。弗聽。

(三)春秋戰國間之賦制

年代	國名	賦名	數量	材料來源
孔子以前	周	井賦	稷,禾,秉,芻,缶,米	國語魯語
紀元前六四五	晉	州兵		左傳僖公十五年
紀元前五九〇	魯	邱甲	(馬一牛三)	左傳成公元年
紀元前五三〇	鄭	邱賦	(馬一牛二)	左傳昭公四年
紀元前四八三	魯	田賦	轂一,馬四,車一,牛十二,甲士三,卒七十二	左傳哀公十二年
紀元前三四八	秦	賦		史記秦本紀

按周禮「九夫爲井，四井爲邑，四邑爲丘。丘十六井，出戎馬一匹，牛三頭。四丘爲甸，甸六十四井。出長轂一乘，戎馬四匹，牛十二頭，甲士三人，步卒七十二人」。正可與此相應證。

(四)國語與左傳之文，自來經學家均不得其眞諦。明陸深燕閑錄云：「左傳國語，並出丘明之手，如敍用田賦一事，左傳則曰，……國語則曰，……不惟異詞，而事實亦不同，何也？若以文論，國不如左」。其言是否可信。

(乙)

老子過關說質疑

(一)史記六三老莊申韓列傳

老子者，楚苦縣厲鄉曲仁里人也。姓李氏，名耳，字伯陽，謚曰聃。周守藏室之史也。……居周，久之，見周之衰，迺遂去。至關，關令尹喜曰：子將隱矣，彊爲我著書。於是乃著書上下篇，言道德之意，五千餘言，而去，莫知其所終。或曰：老萊子，亦楚人也。……而史記周太史儋，……或曰，儋卽老子，或曰非也，世莫知其然否。老子，隱君子也。老子之子名宗，宗爲魏將，封於段干。

(二)莊子天下篇

以本爲精，以物爲粗，以有積爲不足，澹然獨與神明居。古之道術有在於是者，關尹老聃聞其風而悅之。……關尹曰：在己無居，形物自著，其動若水，其靜若鏡，其應若響。……老聃曰：知其雄，守其雌，爲天下谿。知其白，守其辱，爲天下谷。……關尹老聃乎，古之博大眞人哉。

(三)呂氏春秋審勢覽不二篇

老聃貴柔　孔子貴仁，墨翟貴廉，關尹貴清。

(四)莊子養生主篇

老聃死　秦失弔之。

(五)後漢書桓帝紀唐章懷太子注引史記

老子者，楚苦縣厲鄉曲仁里人也。名耳字聃，姓李氏，爲周守藏史。

(丙)

詩經中之大小雅，其出源似不止於王者之詩而已，試就下引各段，說明大小雅中篇什之由來，與其在史料上之價值。

(一)唐成伯瑜毛詩指說

古之王者，發言舉事，左右書之。猶慮臣有曲從，史無直筆。於是省方巡狩，大明黜陟。諸侯之國，各使陳詩以觀風。及置采詩之官，而主納之。申命瞽史，習其箴誦，廣聞教諫之義也。……

王者之詩，謂之雅。王政之事，大小不同，歌小事用小雅，歌大事用大雅，大雅所陳，文王之詩。……小雅，周公成王之詩。……

(二)歐陽氏詩本義十五

古詩之作，有天下焉，有一國焉，有神明焉。觀天下而成者，人不得而私也。體一國而成者,衆不得而違也。會神明而成者,物不得而欺也。不私焉，雅著矣。不違焉，風一矣。不欺焉，頌明矣。

(三)詩大雅韓奕

奕奕梁山，維禹甸之。有倬其道，韓侯受命，王親命之。纘戎祖考，無廢朕命，夙夜匪懈，虔共爾位，朕命不易，榦不庭方，以佐戎辟。　四牡奕奕，孔脩且張。韓侯入覲，以其介圭，入覲於王。……韓侯取妻，汾王之甥，蹶父之子。……溥彼韓城，燕師所完。以先祖受命，因時百蠻。王錫韓侯，其追其貊，奄受北國。因以其伯。實墉實壑，實畝實籍，獻其貔皮，赤豹黃羆。

(四)詩小雅六月

六月棲棲，戎車既飭，四牡騤騤，載是常服。玁狁孔熾，我是用急，王于出征，以匡王國。……玁狁匪茹，整居焦穫，侵鎬及方，至於涇陽。……薄伐玁狁，至於太原，文武吉甫，萬邦爲憲。吉甫燕喜，既多受祉，來歸自鎬，我行永久。飲御諸友，炰鱉膾鯉，侯誰在矣，張仲孝友。

(五)虢季子白盤詩文

惟有二年，虢季子白作寶盤。丕顯子白，庸武於戎工，經維四方。博伐玁狁，于洛之陽。折首五十，執訊五十，是以先行。桓桓子白，獻馘於王。王孔嘉子白義。王格周廟，宣榭爰鄉。王曰伯父，孔顯有光。王錫乘馬，是用佐王。錫用弓，彤矢其央，錫用戉，用政蠻方。子子孫孫，萬年無疆。

(六)徐公鐘

擇其吉金，自作和鐘。中翰且揚，元鳴孔皇。孔嘉元成，用般飲酒，和會百姓。淑于威儀，惠于明祀。歔以晏以喜，以樂嘉賓，及我父兄庶士。皇皇熙熙，眉壽無期，子子孫孫，永保鼓之。

正誤表

頁 數	行 數	誤	正
3	4	蓋學生概念中	蓋學生對此課程之概念
7	15	斐矩	裴矩
13	6	一百六十	一百六十四
13	8－9	(漏一行)	第四集清季外交史料索引十二卷裝訂十二冊
13	9	第四集	第五集
15	2	練訓	訓練
15	17	公冶	公冶長
23	19	而〇	而矜
27	19	秦穆	秦穆公
30	6	諸戍	諸戎
30	9	戍狄	戎狄
35	4	唐唐	唐[illegible]篇
35	10	須叟	須臾
43	13	本未	本末
44	7	冰陽	陽冰
45	8	爲誤	無誤
45	3	天穹	蒼穹
47	9	二[illegible]	二帝
51	3	而至	西望
52	6	先生	先王
56	9	名以	各以
60	20	巫病	巫，病
70	17	奚[illegible]	奚，[illegible]
71	10	左襄	左文襄
76	14	文土	文士
79	2	壯土	壯士
88	13	土多	士多
95	4	糞爲	糞氣爲
100	2	稷,禾,粟,菽,缶,米	稷禾，粟菽，缶米，
103	8	焦[illegible]	焦穫
103	5	欽御	飲御
103	10	趄趄	趄趄